Daniel Stachowiak

Wer sind die „neuen" Väter?

Der Wandel der Vaterrolle in Familie und Familienpolitik

Bibliografische Information der Deutschen Nationalbibliothek:

Die Deutsche Nationalbibliothek verzeichnet diese Publikation in der Deutschen Nationalbibliografie; detaillierte bibliografische Daten sind im Internet über http://dnb.d-nb.de abrufbar.

Impressum:

Copyright © Social Plus 2020

Ein Imprint der GRIN Publishing GmbH, München

Druck und Bindung: Books on Demand GmbH, Norderstedt, Germany

Covergestaltung: GRIN Publishing GmbH

II

Inhaltsverzeichnis

Abbildungsverzeichnis

1 Einleitung

Das ‚Modell' Familie hat sich im Laufe der letzten Jahre deutlich und vielseitig verändert. Es gibt immer mehr Väter, die sich im Bereich der Betreuung und Erziehung ihrer Kinder aktiv einbringen. Immer öfter teilen Mutter und Vater die Elternzeit unter sich auf, so dass auch die Väter bewusst mit ihren Kindern zusammen mehr Zeit verbringen können. Aber wer sind diese ‚neuen' Väter? Possinger bezeichnet gerade diejenigen als ‚neue' Väter, die Elternzeit in Anspruch nehmen (vgl. Possinger 2013a, S. 15). „Tatsächlich scheint das Elterngeld bei [ihnen] einen Nerv getroffen zu haben, denn die Elterngeld-Anträge von Vätern steigen seit 2008 kontinuierlich an und liegen derzeit bundesweit bei 27,3%" (Possinger 2013b, S. 7). Einhergehend ist die Rolle der Väter in den letzten Jahren immer mehr in den Fokus gerückt. Denn die Aufmerksamkeit und die Bedeutung in den öffentlichen Medien, in der Familienforschung sowie in der Politik sind insgesamt deutlich angestiegen (vgl. Jurczyk/Lange, 2009, S. 13). „In Tageszeitungen und Zeitschriften werden ‚neue Väter' regelmäßig thematisiert, die Familienpolitik fordert die Väter auf, sich mehr an der Betreuung und Erziehung ihrer Kinder aktiv zu beteiligen, und schafft entsprechende gesetzliche Rahmenbedingungen [...] und auch die wissenschaftlichen Veröffentlichungen zu diesem Thema mehren sich" (Mühling/Rost 2007, S. 9). Denn man „[...] war plötzlich bereit, dem Thema ‚Väter' erhebliche und breite Beachtung zu schenken" (Walter 2012, S. 671). Aber was macht den ‚neuen' Vater überhaupt aus? Nach Meuser ist dies schwierig zu definieren. „Der neue Vater entpuppt sich erst. Klar ist bislang nur, was er nicht sein soll: Alleinernährer der Familie" (Taffertshofer 2016, S. 9).

Genau an dieser Stelle und auf Grund der Aktualität innerhalb der Gesellschaft ergeben sich daher viele neue Aufgabengebiete und Anknüpfungspunkte im Bereich der Sozialen Arbeit.

In dieser Bachelorarbeit wird die Entwicklung der Väter in den Blick genommen. Zunächst werden der Wandel der Vaterrolle innerhalb der Familie in den letzten Jahrzehnten sowie die fortlaufende Entwicklung im Familienrecht und die damit verbundenen Auswirkungen für Väter erläutert. Dies dient als Grundlage für ein Verständnis der Veränderung zur aktuellen Vaterrolle im 21. Jahrhundert. Im Anschluss geht es um den Hype bezüglich der modernen Väter. Wie stellen sich dieser Trend und die Aktualität in den Medien und der Gesellschaft dar? In diesem Zusammenhang werden ein Überblick über die Entwicklung gesellschaftlicher moderner Leitbilder sowie die daraus resultierenden Definitionsansätze bezüglich der neuen Vaterrolle erläutert. Im Folgenden stellt diese Arbeit Ansätze aus dem

Bereich der aktuellen Familienforschung vor, die sich mit der Qualifizierung von Vätern in verschiedene Vatertypen beschäftigt haben. In dem Abschnitt danach werden Schwierigkeiten und Hindernisse für eine engagierte Vaterschaft aufgezeigt und beschrieben. Inwiefern die Soziale Arbeit gerade in diesen Bereichen im Rahmen der Väterarbeit anknüpfen kann, wird darauffolgend dargestellt. Anschließend wird ein kurzer Einblick in die Familienpolitik mit besonderer Betrachtung der Väter gegeben. Im letzten Kapitel dieser Arbeit werden die wichtigsten Ergebnisse in einer Schlussbetrachtung zusammengefasst und ein Ausblick für künftige Entwicklungen gegeben.

2 Familie und Familienrecht im Wandel der Zeit

‚Neue Väter', als viel zitierter Begriff, beschreibt eine neu gestaltete Ausprägung vom Vatersein und weist durch die Bezeichnung ‚neu' darauf hin, dass es eine andere und ältere traditionelle Form von Vaterschaft gegeben haben muss (vgl. Abel/Abel 2009, S. 235). „Wenn heute auf die starke Veränderung der Vaterrolle hingewiesen wird, darf nicht übersehen werden, dass es je nach historischem Kontext schon immer Veränderungen in der Rolle des Vaters und in den Funktionen der Vaterschaft [...] innerhalb der Familie gab" (Mühling/Rost 2007, S. 9). Bei Veränderungsprozessen innerhalb einer Familie entstehen nach Bambey und Gumbinger immer neue Modelle für die elterlichen Rollen, wobei festzustellen ist, dass die Veränderungen der väterlichen Rolle besonders ausgeprägt zu sein scheinen (vgl. Bambey/Gumbinger 2017, S.15). Die vom Bundesministerium für Familie, Senioren, Frauen und Jugend geförderte Internetplattform *Bundesforum Männer* stellt dazu in einem Positionspapier fest, dass die Vaterschaft und das Vater-Sein seit jeher keine feststehende Größe ist, sondern sich in einem Prozess des stetigen Wandels befindet (vgl. *Bundesforum Männer* 2016, S. 9). Diese Wandlungsprozesse innerhalb der Gesellschaft haben sich in den zurückliegenden Jahrzehnten erheblich beschleunigt (vgl. ebd.). Im folgenden Kapitel 2.1 soll ein kurzer Überblick über prägende und wichtige Änderungen im geschichtlichen Wandel der Vaterrolle innerhalb der Familie seit dem Ende des 18. Jahrhunderts gegeben werden. Die gesellschaftlichen und familiären Wandlungen gehen ebenso immer auch mit Veränderungen im Familienrecht einher. Durch gesetzliche Rahmenbedingungen im Familienrecht versucht die Politik seit jeher, das soziale Feld politisch einzurahmen, in dem Vaterschaft stattfindet (vgl. ebd.). Im Kapitel 2.2 wird ein Überblick über wesentliche Veränderungen im Familienrecht und daraus resultierende Folgen für den Vater zusammengefasst.

Ein historischer Rückblick ist aus meiner Sicht sinnvoll und schwierig zugleich. Denn der „[...] Versuch einer Darstellung der Vater-Kind Beziehung in der menschlichen Geschichte begegnet einem nicht zu übersehenden Mangel an validem Material" (Fthenakis 1985 a, S. 4).

Es ist jedoch wichtig, mit dem geschichtlichen Verlauf sowohl mit Blick auf die Vaterrolle als auch auf das Familienrecht zu beginnen, um die Entwicklung zum gesellschaftlichen Leitbild des neuen Vaters nachzuvollziehen zu können. Denn wer „[...] die Vergangenheit nicht kennt, kann die Gegenwart nicht verstehen und die Zukunft nicht gestalten.[1]"

2.1 Die Entwicklung der Vaterrolle innerhalb der Familie seit Ende des 18. Jahrhunderts

Durch gesellschaftliche Veränderungen, wie zum Beispiel die Industrialisierung im 19. Jahrhundert, bildeten sich immer neue Idealbilder der bürgerlichen Familie heraus (vgl. van Dülmen 1999, S. 244). Die in der Wissenschaft üblichen Definitionen von dem Begriff ‚Familie' betonen entweder ihren Gruppencharakter oder stellen die gesamtgesellschaftliche Bedeutung in den Vordergrund (vgl. Nave-Herz 2017, S. 302). „Der uns heute geläufige Begriff von Familie, die nur die engere Gemeinschaft von Eltern und Kindern umfasst, taucht erst gegen Ende des 18. Jahrhunderts auf" (van Dülmen 1999, S. 13). Nach Ecarius, Köbel und Wahl sollte jedoch der Begriff ‚Familie' bei Definitionsansätzen immer auch einen historischen Blick auf die familialen Lebensformen richten (vgl. Ecarius/ Köbel/Wahl 2011, S. 15). Denn bei „[...] Betrachtungen der historischen Entwicklung der Familie wird deutlich, dass die Institution ‚Familie' keineswegs als ein geschichtlich homogenes Phänomen beschrieben werden kann" (ebd. S. 16). Historisch lässt sich feststellen, dass seit Ende des 18. Jahrhunderts die Struktur einer Familie im stetigen Wandel ist (vgl. van Dülmen 1999, S. 244). Dieser Wandel wirkt sich stets auch auf die triadische Konstellation Vater-Mutter-Kind aus und somit auch immer in besonderer Weise auf soziologische Rollenerwartungen an die elterlichen Rollenvorstellungen innerhalb der Gesellschaft (vgl. Bambey/Gumbinger 2017, S.15). Bei jeder sozialen Rolle werden von der Gesellschaft an den Inhaber dieser Rolle, wie zum Beispiel die eines Vaters, in verschiedenen Situationen gewisse Verhaltensweisen erwartet (vgl. Mogge-Grotjahn 2011, S. 100 ff). Während solcher Entwicklungsprozesse von neuen Rollenmodellen kann durchaus Konfliktpotenzial oder Unsicherheit entstehen (vgl. ebd.). Für die Soziale Arbeit entstehen dort Ansatzpunkte professioneller Väterarbeit. Diesbezüglich verweise ich an dieser Stelle auf das Kapitel 6 dieser Arbeit. Nach Bertram war die Vaterrolle in unserer Gesellschaft immer auch eine

---

[1] Helmut Kohl: Bundestagsrede vom 1. Juni 1995 zur Geschichte der Vertreibung, Plenarprotokoll 13/41 vom 01.06.1995, S. 03183.

soziale Rolle, die sich im 19. Jahrhundert entwickelt hat. Sie war ein zentrales Element in der familiären Lebensform (vgl. Bertram 2012, S. 46). Matzner definiert das Vaterbild im Zusammenhang mit der sozialen Rolle wie folgt:

> „Im Vaterbild spiegelt sich wider, wie innerhalb einer bestimmten Epoche und Kultur über Väter und über Vaterschaft gedacht, gesprochen und geschrieben wurde bzw. wird. Vaterbilder können sowohl Stereotypen – also die Wahrnehmungen in der Gesellschaft über das angebliche Denken, Fühlen und Handeln von Vätern – als auch Idealbilder der Gesellschaft darüber beinhalten, wie Väter denken, fühlen und handeln sollten"

(Matzner 2001, S. 1).

Im historischen Kontext hat es fortlaufend und stetig Veränderungen hinsichtlich der Rolle des Vaters und der Funktionen der Vaterschaft innerhalb der Familie gegeben (vgl. Mühling/Rost 2007, S. 9). Eine weit verbreitete Auffassung zur Rolle des Mannes in der Familie des 18. Jahrhunderts war es, dass sich ihm als Autoritätsperson alle anderen Mitglieder der Familie hierarchisch untergeordnet befanden. Patriarchalisch trifft er alle die Familie betreffenden Entscheidungen (vgl. BMFSFJ 2006, S.6). Zudem war er von zentraler Bedeutung für das effektive Funktionieren des Haushalts (vgl. ebd.). Die Vater-Sohn-Beziehung gilt in dieser Zeit als prägender und wichtiger als die Ehe (vgl. vaterfreuden.de).

Im Laufe des 19. Jahrhunderts änderte sich die Familienstruktur gravierend. Mit der Industrialisierung verschob sich die Erwerbstätigkeit des Mannes vom Eigenbetrieb innerhalb des eigenen Hauses auf die Erwerbstätigkeit außer Haus. Diese räumliche Separation von Arbeit und Wohnen sowie eine strikte Rollenteilung zwischen Mann und Frau befestigte das neue Familienbild (vgl. Drinck 2005, S. 17). „Jetzt erst begann sich der Mann primär über seinen Beruf zu definieren; die Spielräume der Männer wurden enger und andere männliche Verhaltensmuster erforderlich" (Trepp 1996, S. 47). Die Vaterschaft veränderte sich zunehmend und reduzierte sich weitgehend auf die Funktion des Ernährers. Diese Erwartung an die Väter konnte nur durch beruflichen Erfolg erfüllt werden (vgl. Drinck 2005, S. 18). Das erste Rollenbild des ‚traditionellen' Vaters begann sich in der Gesellschaft durchzusetzen. Als die typische traditionelle Familie wurde das Elternpaar mit ihren Kindern in einem Haushalt bezeichnet. Die Rollenverteilung war dabei eindeutig geregelt. Die Mutter kümmert sich liebevoll um die Kinder und den Haushalt. Der Vater war für das Familieneinkommen zuständig und sicherte somit die ökonomische Basis der Familie (vgl. Bertram 2011a, S. 11). „Heutzutage erscheint dieses Familienbild als traditionell, weil es seltener gelebt wird als in der Vergangenheit" (Majdanski 2012, S. 29). „Im 20. Jahrhundert scheinen die Begrenzung auf die Ernährerfunktion und der Rückzug des Vaters aus dem familialen Binnenraum dann für lange Zeit den Charakter einer fraglosen Gegebenheit zu haben" (Meuser 2012 a, S. 66). In einer Familie zählten nur die Bedürfnisse des Ehemanns, zumindest wenn es nach der britischen Zeitschrift *Housekeeping Monthly* ging. In ihrer Ausgabe vom 13.05.1955 wurden in einem Handbuch Verhaltensvorgaben für die gute Ehefrau zusammengefasst, die ein aus heutiger Sicht skurriles Sittenbild von Partnerschaft in den 50er Jahren zeichnete (vgl. wissen.de).

Die Überschrift dieser Anleitung war: „Verwöhne Ihn!" Danach folgten diverse Verhaltensanweisungen für eine gute Ehefrau, wie zum Beispiel: „Halten Sie das Abendessen bereit" [...], „Seien Sie fröhlich, machen Sie sich interessant für Ihn! Er braucht vielleicht ein wenig Aufmunterung nach einem ermüdenden Tag und es gehört zu Ihren Pflichten, dafür zu sorgen" (vgl. ebd.). Bezüglich der Kinder wurde darauf hingewiesen: „Machen Sie die Kinder schick. Nehmen Sie sich ein paar Minuten, um ihre Hände und Gesichter zu waschen [...]. Die Kinder sind ihre „kleinen Schätze" und so möchte er sie auch erleben. [...]" (vgl. ebd.). Abschließend kam noch die Aufforderung: „Opfere dich auf – ER ist der Chef!" (vgl. ebd.). Diese oben beschriebenen Auszüge zeigen deutlich das vorherrschende Familienbild einer traditionellen Familie in den 1950er Jahren. Der Höhepunkt für das Modell der traditionellen Familie fand nach dem Zweiten Weltkrieg statt (vgl. Majdanski 2012, S. 29). Das *Bundesforum für Männer* bezeichnet diesen Zeitpunkt sogar als Zäsur (vgl. *Bundesforum Männer* 2017, S. 10). Galt doch bis dahin der Vater als Patriarch und strafend gegenüber den Kindern, so wurde dieses Selbstverständnis ab Mitte der 1960er Jahre radikal in Frage gestellt. Eine neue elterliche Norm entwickelte sich allmählich. Die eigenen Kinder wurden auf Augenhöhe gesehen und Gewalt sowie Züchtigung wurden durch Liebe und emotionale Nähe ersetzt (vgl. ebd.). „Erziehungsexperten forderten die Väter auf, Kameraden ihrer Söhne zu werden, sie in ihren sportlichen Aktivitäten und Hobbys einzubeziehen, nicht jedoch, Windeln zu wechseln oder sich an der Hausarbeit zu beteiligen" (Mühling/Rost 2007, S. 11). Nach Possinger war bereits in den 1960er Jahren dieses heute oft als ‚klassisch' geltende Familienmodell brüchig (vgl. Possinger 2013b, S. 10). „Die schwindende Qualifikationslücke zwischen Männern und Frauen sowie die strukturellen Veränderungen des Arbeitsmarktes haben dem traditionellen männlichen Alleinverdienermodell damit den Untergang bereitet" (ebd., S. 11). Als weitere Gründe für diesen Wandel führt Fthenakis die Rollenverschiebung innerhalb der Familie und damit die Abkehr von der traditionellen Arbeitsteilung zwischen Mann und Frau sowie der vermehrten Arbeitstätigkeit und der allgemeinen Emanzipationsbestrebungen der Frauen auf (vgl. Fthenakis 1985b, S. 202). Auch aus Sicht von Bertram hat diese alte Familienform der traditionellen Familie in dieser Art und Weise keine Zukunft mehr. (vgl. Bertram 2012, S. 46). Im Zuge dessen und einer auf Gleichberechtigung ausgerichteten Partnerschaft entstand der Begriff der ‚neuen Männer' sowie im Bereich der elterlichen Sorge der Begriff der ‚neuen Väter' (vgl. Mühling/Rost 2007, S. 11).

> „Zusammengefasst zeigt sich anhand einer historischen Rückschau über die verschiedenen Rollen und Aufgaben, die den Vätern in der Gesellschaft und in der Familie in der Vergangenheit zugeteilt wurden deutlich, dass sich im Verlauf der Geschichte das Rollenbild des Vaters nicht einheitlich und geradlinig entwickelt hat"

(ebd., S. 12).

„Es ist jedoch festzustellen, [dass] vor allem während der letzten Jahre sowohl das Ausmaß wie auch die Qualität der bedeutsamen Verhaltensänderungen bei Vätern in dem Verhältnis zu ihren Kindern außer Frage stehen" (vgl. Fthenakis 1988, S. 201).

2.2 Die Entwicklung des Familienrechts für den Bereich der Familie[2]

Gerlach definiert die Funktion vom Familienrecht in einem Beitrag für die Bundeszentrale für politische Bildung wie folgt:

> „Familienrecht regelt verschiedene Aspekte von Ehe und Familie. Dazu gehören Aufgaben innerhalb der Familie, auch das Eltern-Kinder-Verhältnis bis hin zur Gleichberechtigung der Ehepartner. Damit fördert das Familienrecht auch gesellschaftlich erwünschtes Verhalten"

(Gerlach 2015, S. 1).

Das Familienrecht „[...] prägt, stützt, verstärkt oder mildert Rollenbilder ab" (BMFSFJ 2013, S. 234). Diese Aussagen zeigen deutlich, dass das Familienrecht immer auch auf die aktuellen Leitmodelle der jeweiligen Zeit reagiert und versucht,

---

[2] Die Begrenzung auf den Bereich ‚Familie' erfolgt auf Grund des Themas dieser Bachelorarbeit und meint ‚Eltern mit Kinder in der Ehe'. Zudem liegt der Fokus auf dem Wandel der Vaterrolle innerhalb der Familie. Die Nachkriegsbetrachtung beschränkt sich auf den Bereich der Bundesrepublik Deutschland. Weitere Ausführungen würden den Rahmen dieser Arbeit überschreiten.

entsprechende Rahmen zur Gestaltung zu schaffen. Nach Peschel-Gutzeit werden jedoch meist bei der Betrachtung des Wandels der Vaterschaft zu den neuen Vätern die Veränderungen bei den rechtlichen Rahmenbedingungen der Vaterrolle zumeist ausgeblendet (vgl. Peschel-Gutzeit 2009, S. 47). Wobei es gerade seiner Ansicht nach diese seien, die das Verhältnis zwischen Vater und Kind beziehungsweise Vater und Mutter innerhalb der Familie im Detail der Lebensführung wesentlich mitbestimmten (vgl. ebd.). Folglich ist es wichtig, die rechtlichen Veränderungen mit Blick auf die Väter bei einer genaueren Betrachtung auf den Wandel der Vaterrolle mit aufzuzeigen. Die Geschichte des Familienrechts beginnt nach Marthaler mit dem in Krafttreten des Bürgerlichen Gesetzbuches (BGB) am 01.01.1900 (vgl. Marthaler 2009, S. 21). Leitmodell für das Zusammenleben von Mann und Frau war zu dieser Zeit die sogenannte *Hausfrauen-* oder *Versorgerehe* (vgl. John/Stutzer 2002, S. 216). Diese damalig gültige Geschlechterordnung regelte unter anderem die Verteilung der Aufgaben in einer Ehe (vgl. ebd.). Der Mann war per Gesetz verpflichtet, für die finanzielle Versorgung der Familie zu sorgen, während die Frau die Verantwortung für den Haushalt und die Kinder übernehmen musste (vgl. ebd.). „Trotz der zunehmenden außerhäuslichen Berufstätigkeit als Ernährer der Familie verlor der Vater [...] nicht seine beherrschende Stellung gegenüber Frau und Kindern" (Matzner 2001, S. 1). Die patriarchalische Stellung des Mannes innerhalb der Familie wurde in vielen Bereichen der Entscheidungsbefugnis sichtbar. Das BGB schrieb ihm als Patriarchen eine Art Alleinherrschaft zu (vgl. Peschel-Gutzeit 2009, S. 48). Zum Beispiel durfte der Ehemann entscheiden, ob die Ehefrau berufstätig sein durfte (vgl. John/Stutzer 2002, S. 216). Nur wenn die Interessen der Familie und des Ehemannes gewahrt blieben und der Ehemann seine Zustimmung erteilte, war es der Ehefrau erlaubt einen Beruf auszuüben (vgl. ebd.). Zudem hatte der Ehemann immer auch das Kündigungsrecht dieses Arbeitsverhältnisses inne (vgl. ebd.). Auch was die Stellung der Eltern gegenüber den Kindern betraf, so war der Vater als Oberhaupt der Familie der einzige Entscheidungsträger (vgl. Peschel-Gutzeit 2009, S. 47). Der Vater hatte die ausschließliche Personengewalt über seine Kinder (vgl. Meder 2013, S. 176). „Dadurch vermochte er, die Mutter völlig vom Umgang mit ihren Kindern auszuschließen [...]. Für die Mutter gab es im Grundsatz keine Möglichkeiten, ein Besuchsrecht zu erstreiten" (ebd.). Auch im Bereich der Erziehung hatte der Vater eine übergeordnete Stellung. Die Meinung der Mutter war praktisch und rechtlich zweitrangig (vgl. Peschel-Gutzeit 2009, S. 48). „Der Vater war Inhaber der Hauptgewalt, die Nebengewalt der Mutter war auf die Personensorge beschränkt. Im Konfliktfall ging die Meinung des Vaters vor" (ebd.).

Zudem wurde dem Vater als Erziehungsmethode seiner Kinder das Recht auf die Anwendung von ‚angemessenen Zuchtmittel' gesetzlich zugesprochen (vgl. ebd.).

Etwa mit Beginn der 1920er Jahre kam es allmählich zu einer Aufwertung der Frauen- und Mutterrolle, jedoch überwiegend nur innerhalb einiger städtischen Milieus. Damit verbunden ging der langsam zunehmende Emanzipationsgedanke der Frau einher (vgl. Matzner 2001, S. 3). Matzner stellte zudem fest:

> „Die „[...] Übernahme „männlicher" Aufgaben während der Kriegs- und Nachkriegs-
> zeiten bewirkte zusätzlich, [dass] die Stellung der Frau und Mutter innerhalb der Fa-
> milie aufgewertet wurde. Auch wenn der Mann und Vater weiterhin, zumindest nach
> außen hin, das Familienoberhaupt war"

(ebd.).

Mit dem Ende des zweiten Weltkrieges und dem Inkrafttreten des Grundgesetzes im Jahr 1949 wurde dem Gesetzgeber die Aufgabe gestellt, familienrechtliche Regelungen zu reformieren (vgl. Gerlach 2015, S. 5). Das im Grundgesetz am Gleichheitsgrundsatz orientierte Ehebild wurde jedoch erst deutlich später vollständig umgesetzt (vgl. ebd.). Ein Resultat dieses Änderungsauftrages an den Gesetzgeber war das erste Gleichberechtigungsgesetz aus dem Jahr 1958. Jedoch war eine völlige Gleichberechtigung von Ehemännern und Ehefrauen damit nicht erreicht worden (vgl. ebd.). Weiterhin ging das BGB von der Verpflichtung der Frau aus, den Haushalt zu führen. Sie durfte jedoch eigenständig einen Beruf ausüben, wenn dies mit ihren Pflichten in Ehe und Familie vereinbar war (vgl. ebd.). Gewalt als Erziehungsmethode war immer noch sehr präsent. So erlangten die Mütter nun auch per Gesetz ebenfalls das Recht auf Züchtigung ihrer Kinder. „Die elterliche Gewalt stand nun beiden Elternteilen zu" (ebd.).

Im Jahre „[...] 1977 wurde das Leitbild der ‚Hausfrauenehe' innerhalb des BGB der Bundesrepublik Deutschland abgeschafft" (John/Stutzer 2002, S. 216). Durch das Eherechtsreformgesetz von 1976 wurde der rechtlich gesicherte Weg zu einer partnerschaftlichen Ehe geebnet (vgl. Gerlach 2015, S. 5f). „Das Gesetz brachte grundlegende Umwälzungen für das Verhältnis der Ehegatten zueinander [...]" (Peschel-Gutzeit 2009, S. 49). Die Eheleute „müssen nun in gleicher Weise aufeinander und auf die Familie Rücksicht nehmen" (John/Stutzer 2002, S. 216). Im Bereich des Scheidungsrechts wurde der Ansatz des Verschuldens Abstand genommen. Jedem Ehegatten stand nun das Recht zu, die Scheidung zu beantragen, wenn die Ehe zerrüttet war (vgl. Peschel-Gutzeit 2009, S. 50).

Der Weg zu einer gewaltfreien Erziehung begann indes im Jahre 1979 mit der Reform des Rechtes der elterlichen Sorge. Mit dieser Reform setzte der Staat einen Prozess in Gang, der die Beziehung und das Leitbild vom Eltern-Kind-Verhältnis neu definierte (vgl. Gerlach 2015, S. 7). Die neuen Regelungen brachten den Wechsel vom Prinzip der elterlichen Gewalt zum Prinzip der elterlichen Sorge und dem Verbot der Anwendung von entwürdigenden Erziehungsmaßnahmen (vgl. ebd.). Jedoch war die Formulierung recht ungenau, so dass der unbestimmte Begriff der ‚entwürdigenden Erziehungsmaßnahme' im Gesetz durch einen Zusatz erweitert wurde. Der Gesetzgeber ergänzte den Gesetzestext mit dem Zusatz, dass „insbesondere körperliche und seelische Misshandlungen" unzulässig seien (vgl. ebd.). Das Recht der Kinder wurde erst im Jahr 2000 mit dem „Gesetz zur Ächtung der Gewalt in der Erziehung" endgültig gestärkt. Alle Kinder haben nun das Recht auf eine gewaltfreie Erziehung (vgl. ebd., S. 8).

Der Wandel der Bedeutung des Vaters in der Familie zeigt sich recht eindrucksvoll in der Veränderung der Regelung des Sorgerechts (vgl. BMFSFJ 2006, S. 8). „Während bis zur Mitte des 19. Jahrhunderts bei einer Scheidung das Sorgerecht typischerweise dem Vater übertragen wurde, wurden die Kinder nunmehr in der Regel der Mutter zugesprochen" (ebd.). Die wirklich gleichberechtigte elterliche Sorge gegenüber ihrem Kind haben beide ehelichen Eltern erst mit der Kindschaftsrechtsreform vom 16.12.1997 erhalten (vgl. Peschel-Gutzeit 2009, S. 50). Diese große Reform „enthält nunmehr den Grundsatz, wonach beide ehelichen Eltern von der Geburt des Kindes an gleichmäßig sorgeberechtigt sind und dies auch bleiben, wenn sie sich dauerhaft trennen oder ihre Ehe geschieden wird" (ebd.).

3 Die ‚neuen modernen‘ Väter im 21. Jahrhundert

Der in Kapitel 2 zusammengefasste geschichtliche Rückblick zeigt die Entwicklung der Familie und der Vaterschaft bis zum 21. Jahrhundert. Ein stetiger Wandel, der bis heute anhält und wo es zu keinem Zeitpunkt im Verlauf der Geschichte eine exakt festgelegte Rolle des Mannes gegeben hat (vgl. BMFSFJ 2006, S. 12). Auch das gewandelte Geschlechterverhältnis, unter anderem durch die rechtliche Gleichstellung der Frau und der damit verbundenen gestiegenen Beteiligung der Frauen an der Erwerbsarbeit, macht eine Modernisierung des Rollenverständnisses der Elternschaft notwendig (vgl. Gumbinger/Bambey 2009, S. 195). „Die patriarchalen Familienstrukturen wandeln sich zunehmend in partnerschaftliche und egalitäre Beziehungsmuster mit wachsenden Aushandlungsprozessen über die familialen Belange“ (ebd.). In der Gesellschaft wird zunehmend das traditionelle Verständnis von Vätern als Alleinernährer der Familie als nicht mehr zeitgemäß zurückgewiesen (vgl. Meuser 2012a, S. 64). Gumbinger und Bambey beschreiben den Wandel von einer traditionellen Vaterfigur zum neuen Vater als einen Prozess der gesellschaftlichen Modernisierung.

> „Der Wandel der Vaterrolle ist vor diesem Hintergrund eingebettet in Prozesse der gesellschaftlichen Modernisierung. Vor allem die Verschiebung der Vaterrolle vom Familienernährer hin zum Erzieher, die größere Beteiligung von Vätern an Haushalts- und Familienarbeit, die infrage gestellte väterliche Autorität sowie die neuen Leitbilder einer engagierten Vaterschaft gelten als Anzeichen einer grundlegenden Veränderung“
>
> (Gumbinger/Bambey 2009, S. 196).

„In den letzten Jahren tauchte in der Diskussion verstärkt der Begriff des ‚neuen‘ Vaters auf. Mit diesem verbindet man eine neue, positive Väterlichkeit, die sich deutlich vom altbekannten traditionellen Vater unterscheide“ (Matzner 2001, S. 5). Das Wort ‚neu‘ zielt dabei auf eine Veränderung von Vaterschaft und Väterlichkeit in Richtung einer Einbeziehung des Vaters am innerfamilialen Leben und der emotionalen und tatsächlichen Fürsorge seiner Kinder (vgl. Wolde 2007, S. 251). Aber wie definiert sich die neue Vaterrolle? Was sind die Kennzeichen der ‚neuen Väter‘ und welche Leitbilder haben sich in der Gesellschaft verfestigt? Bambey und Gumbinger beschreiben die Merkmale der sogenannten neuen Väterlichkeit als ein gestiegenes und vielfältiges Engagement der Väter im Kontext einer emotionaleren Vater-Kind-Beziehung sowie einer stärkeren Familienorientierung mit einem zunehmend egalitären Partnerschaftsverständnis (vgl. Bambey/Gumbinger 2017, S.

15). Wie bereits in der Einleitung möchte ich an dieser Stelle Meuser anführen, der in einem Interview mit dem DJI erläuterte, dass die neue Vaterrolle sich erst entpuppt (vgl. Taffertshofer 2016, S. 9). Fest stehe lediglich, welche Rolle der neue Vater nicht mehr einnehmen soll, nämlich die des Alleinernährers der Familie (vgl. ebd.). Nach Meuser habe sich die Vaterschaft im Laufe der Zeit von einer *Vorgabe* zu einer *Aufgabe* gewandelt (vgl. Meuser 2006, S. 134). Eine Aufgabe, die einer bewussten Entscheidung der Väter bedarf. Väter müssen sich aktiv dazu entscheiden, ein „neuer Vater" zu sein (vgl. Wolde 2007, S. 252). Dies „bestimmt sich durch das Handeln als Vater" (ebd.).

Zum Leitbild der neuen Vaterrolle können auch öffentliche Medien beitragen. „Die ‚neuen Väter' haben Konjunktur" (Possinger 2009, S. 56). Das gesteigerte Interesse der Medien für den neuen Vater ist spürbar. Die vermehrte Berichterstattung über das moderne Vaterbild wird überwiegend positiv und optimistisch dargestellt (vgl. ebd.). Die Medien zeigen häufig ein Bild vom Vater, der weitaus engagierter, fürsorglicher und emotionaler erscheint (vgl. BMFSFJ 2006, S. 12). Schlagzeilen wie *Neue Väter hat das Land*[3], *Erfolgsstory neue Väter*[4], *Teilzeit-Hausmänner*[5], *Sind Väter die besseren Mütter?*[6] und *Papa ist der Größte*[7] sind ein paar ausgewählte Beispiele, die ein Bild von aktiven und „neuen" Vätern propagieren und widerspiegeln. Für Lenzen existiert der ‚neue' Vater jedoch überwiegend auf der medialen und Diskursebene, weniger in der Realität (vgl. Lenzen 1991, S. 239ff). In sozialwissenschaftlichen Veröffentlichungen werden verschiedene Bezeichnungen zur Beschreibung des Wandels verwendet. Von Einigen wird der neue Vatertyp als ‚neuer Vater' oder als ‚moderner Vater' bezeichnet. Andere definieren diesen Vatertyp als ‚engagierten Vater' oder sogar als „egalitären Vater" (vgl. Janzen 2010, S.16). Egal, welche Bezeichnung gewählt wird, außer Frage steht zunächst, dass sich im Vergleich zu früheren Generationen die Rolle der Väter in den Familien sichtbar gewandelt hat (vgl. Bergmann 2002, S. 5). Väter wollen mehr Zeit mit ihren Kindern verbringen und stärker am Leben dieser teilhaben (vgl. ebd.). Eine Tatsache ist auch, dass „[...] die Zahl der Väter wächst, die sich um mehr Kontakt zu ihren Kindern bemühen" (Martin 1979, S. 41). „Auch wenn die Einstellungen von Männern

---

[3] In: *Tagesspiegel*, 29.10.2008

[4] In: *Emma*, Jan./Feb. 2009, S. 28ff

[5] In: *Eltern*, Jun./ 2014, S. 65ff

[6] In: *der Spiegel*, Nr. 52, 19.12.2015

[7] In: *Eltern family*, April/ 2017, S. 22ff

im Hinblick auf Vaterschaft moderner geworden sind, so schlägt sich dies noch nicht automatisch auch in einer modernen Praxis ‚neuer Vaterschaft' wider" (Possinger 2013, S. 8).

Weiterhin hat die Rolle vom Vater im 21. Jahrhundert als Ernährer in der Familie nicht ausgedient, jedoch gibt es längst eine breite Vielfalt von anderen Vatertypen (vgl. Bambey/Gumbinger 2006, S. 26). Die Väter setzen sich auf sehr unterschiedliche Weise mit den gesellschaftlichen Erwartungen an den ‚neuen' Vater auseinander (vgl. ebd.). „Diese Erwartungen sind hoch: Er soll sich aktiv, kompetent und emotional in der Kindererziehung engagieren und partnerschaftlich agieren" (ebd.). Nach Abel und Abel hat es eine Aufwertung in der sozialen Funktion des Vaters gegeben (vgl. Abel/ Abel 2009, S. 231). Diese Aufwertung hat jedoch nicht zwingend zur Folge, dass die normative Rollenerwartung als Ernährer der Familie abgewertet wurde (vgl. ebd.).

> „So nehmen [die Väter] wahr, dass das Modell des Vaters als Familienernährer in den Anliegerinstitutionen der Familie, im Recht in den sozialstaatlichen Sicherungen, auf dem Arbeitsmarkt nach wie vor das dominante Deutungsmuster ist. Andererseits sehen sie sich aufgefordert, mehr Zeit mit ihren Kindern zu verbringen, Betreuungs- und Sorgeleistungen für ihre Kinder zu übernehmen"

(Wolde 2007, S. 284).

Possinger stellt dazu fest, dass das einstige Leitbild des Vaters als Ernährer nicht vollständig durch ein neues Leitbild ersetzt wurde, sondern dieses Leitbild sich lediglich für neue Varianten geöffnet hat (vgl. Possinger 2015, S. 140). Als Gradmesser für eine neue Vaterschaft wird gerne die von Vätern genommene Elternzeit zugrunde gelegt (vgl. ebd., S. 149). Aus Possingers Sicht schafft erst die Erfahrung der Väter, in der Elternzeit überwiegend eigenverantwortlich die Kinder zu versorgen sowie sich um den Haushalt kümmern zu müssen, die Voraussetzung einer langfristigen und partnerschaftlichen Elternschaft (vgl. ebd.). Es bleibt festzustellen, dass zurzeit kein normativ verbindliches und einheitliches Vaterbild vorhanden ist, an welchem sich Väter orientieren können (vgl. Matzner 2001, S. 4).

> „Deshalb muss jeder Vater eine eigene Definition dessen finden, was für ihn Vaterschaft bedeutet und wie er selbige leben möchte. Väter müssen sich mit vorgelebten und wahrnehmbaren Entwürfen von Vaterschaft auseinandersetzen und daraus ein eigenes Konzept von Vaterschaft bilden"

(Fuhrmans/von der Lippe/Fuhrer 2012, S. 301).

Der Wandel zu einer eher egalitären Rollenvorstellung führt nach Bambey und Gumbinger zu einem äußerst facettenreichen Spektrum väterlicher Rollengestaltungen (vgl. Bambey/Gumbinger 2017, S. 17). Im Bereich der Väterforschung rückt genau dieser Facettenreichtum immer mehr in den Fokus. In aktuellen Studien wurde versucht, die gewandelte Väterlichkeit zu typisieren. Im folgendem Kapitel werden vier Forschungsarbeiten mit diesem Schwerpunkt der Typisierung der Vaterrolle vorgestellt.

4 Die Vielfältigkeit der Vaterrolle – Typisierungsansätze in der Familienforschung

Der Blick auf die Väter im Bereich der Familienforschung hat erst eine kurze Geschichte (vgl. Seiffge-Krenke 2016, S. 5). Seit Beginn der Familienforschung vor etwa 90 Jahren, richtete sich der Forschungsschwerpunkt zunächst überwiegend auf die ‚Mutter-Kind-Beziehung‘. Seit etwa 40 Jahren findet man Forschungsarbeiten über Väter (vgl. ebd.). In diesen Arbeiten wurden jedoch hauptsächlich Gewalt und Missbrauch von Vätern in der Beziehung zu ihren Kindern thematisiert (vgl. ebd.). Wie sich dagegen Väter, die sich nicht in diese Gruppe eingliederten, in einer ‚normalen‘ Familienstruktur verhielten und wie die Vater-Kind-Beziehung sowie die väterliche Rolle innerhalb der Familie aussah, blieb in der Familienforschung zunächst ohne Beachtung (vgl. ebd., S. 6). Erst im Jahr 1985 änderte sich dieses. Fthenakis richtete mit seinem zweiten Band *Väter*[8] erstmalig den Blick auf die Rolle der Väter in verschiedenen Familienstrukturen (vgl. Meuser 2012a, S. 68). Den gesellschaftlichen Wandel in dieser Zeit bezeichnete Fthenakis als ‚sanfte Revolution‘, in der sich die Organisation und die Rollenteilung innerhalb der traditionellen Familie veränderte (vgl. Fthenakis 1985b, S. 3). Speziell beschrieb er die Bedeutung des Vaters in Bezug auf verschiedenste Familienformen, die bedingt durch den gesellschaftlichen Wandel erheblich an Vielfalt gewonnen haben (vgl. ebd., S. 4 ff). In diesem Zusammenhang verwies er bereits 1985 auf die Wichtigkeit einer „[...] erweiterten Definition der Vaterschaft, die neben der Ernährerfunktion auch die direkte Beteiligung des Vaters an der Kinderpflege und -erziehung einschließt“ (ebd., S. 4). Ebenso erkannte er die Notwendigkeit, die Väterforschung als Teil der Familienforschung zu verankern, um entsprechende Erkenntnisse in Bezug auf die Väter und deren Rolle innerhalb der Familie zu gewinnen (vgl. ebd.).

„Gegenwärtig lässt sich [...] eine wachsende sozialwissenschaftliche Aufmerksamkeit für die Position des Vaters in der Familie und für den Wandel von Vaterschaft beobachten“ (Meuser 2009, S. 79). Im Bereich der sozialwissenschaftlichen und soziologischen Forschung kann man seit über zehn Jahren eine Häufung der wissenschaftlichen Publikationen zum Thema Vaterschaft wahrnehmen (vgl. Fthenakis/Minsel 2002a, S. 13).

---

[8] vgl. Fthenakis 1985b

Jedoch ist nach Ansicht von Matzner häufig das Ziel dieser Forschungsarbeiten allgemeine Aussagen über ‚den' Vater zu erhalten (vgl. Matzner 2004, S. 17). Diese meist angewandte Makroperspektive auf ‚den' Vater sei jedoch auf Grund der Vielfältigkeit und Bedeutung der Vaterrolle nicht ausreichend (vgl. ebd.).

> „Es gibt nicht ‚den' Mann oder ‚den' Vater. Männer unterscheiden sich in ihren Vorstellungen von der Rolle des Mannes bzw. der Rolle des Vaters. Dies wird deutlich, wenn man die Ergebnisse von Studien betrachtet, die versucht haben, ‚Vätertypen' [...] zu identifizieren"

(BMFSFJ 2006, S. 34).

Mit Blick auf die Fragestellung dieser Bachelorarbeit werden im Folgenden vier Väterforschungsarbeiten vorgestellt, die sich speziell mit der Vielfalt der ‚neuen' Väter und ihren Vaterrollen beschäftigt haben. Dabei ging es unter anderem um die Beteiligung des Vaters an der Erziehung der Kinder, die Veränderung von Familienmodellen und die vielfältige Typologie von Vaterschaftskonzepten (vgl. Fthenakis/Minsel 2002, Zulehner 2003, Matzner 2004 und Bambey/Gumbinger 2006). Denn

> „Typologien wie diejenige von Matzner (2004) oder auch von Gumbinger und Bambey [2006] geben Hinweise auf die Vielfalt von Väterlichkeiten heute, inklusive der sie teilweise bestimmenden Widersprüchlichkeiten zwischen Intention und Umsetzung im Alltag"

(Jurczyk/Lange 2009, S. 25).

Auf Grund der Komplexität der verschiedenen Forschungen können nicht alle Ergebnisse und Erkenntnisse im Einzelnen vorgestellt werden. Daher wird der für diese Arbeit jeweils bedeutende Teil der Typisierung der Väter in die verschiedenen Vaterrollen jeweils vorgestellt und erläutert. Anschließend werden die einzelnen Ergebnisse der Typisierung miteinander verglichen und gegenübergestellt.

4.1 *Die Rolle des Vaters in der Familie* nach Fthenakis/Minsel (2002)

Die vom Bundesministerium für Familie, Senioren, Frauen und Jugend (BMFSFJ) geförderte Studie *Die Rolle des Vaters in der Familie* hatte als Ziel, die Vaterrolle im Familienentwicklungsprozess sowohl aus der Sicht der Väter als auch aus der Sicht der Partnerinnen und Kinder zu untersuchen (vgl. Fthenakis/Minsel 2002a, S. 34). Diese repräsentative Studie wurde innerhalb von drei Jahren anhand von Befragungen mithilfe eines Fragebogens durchgeführt (vgl. Fthenakis/Minsel 2002b, S.

1). Dabei wurden Männer und Väter in verschiedenen Lebensabschnitten (wie z.B. kinderlos oder werdende Väter) zum Teil mehrfach während der familiären Veränderung (z.B. Befragung vor und nach der Geburt des Kindes) befragt (vgl. ebd.).

Fthenakis und Minsel gingen bei ihrer Studie von der Annahme aus, dass sich die Vorstellung über die Vaterrolle bereits lange vor der Vaterschaft entwickelt hat (vgl. Fthenakis/Minsel 2002a, S. 92ff). Auf dieser individuellen Ebene kam der Einstellung, die Väter zu ihrer Vaterschaft haben, eine wesentlich steuernde Funktion zu (vgl. Werneck/Rollett/ Pucher/Schmitt/Nold 2012, S. 327). „Einstellungen sind wichtige verhaltenssteuernde Dimensionen, die durch Lernprozesse erworben werden und deshalb auch veränderbar sind" (ebd., S. 328). Jedoch hängt die Möglichkeit einer Änderbarkeit auch von der verfestigten Stärke dieser Einstellung ab (vgl. ebd., S. 328). Wenn zum Beispiel „[...] die gesellschaftliche Akzeptanz einer Beteiligung der Väter an den Kinderbetreuungsaufgaben heute allgemein weit fortgeschritten ist, wird es einem Vater, der seine Einstellung dazu aus einer sehr traditionell agierenden Herkunftsfamilie ableitet, schwerfallen, ein Rollenmodell, das dem Konzept der ‚neuen Väter' entspricht, zu übernehmen [...]" (ebd.).

Das Vaterschaftskonzept wurde mit Hilfe von vier stabilen Dimensionen untersucht: die soziale (z.B. darauf achten, dass das Kind sich anderen gegenüber behaupten kann), die ökonomische (den Lebensunterhalt der Familie verdienen), die instrumentelle Funktion (z.B. dem Kind Wissen und Allgemeinbildung vermitteln) und die Bereitschaft des Vaters, zugunsten der Vaterschaft die berufliche Karriere zurückzustellen (z.B. den Beruf in der Zeit direkt nach der Geburt des Kindes zurückstellen) (vgl. ebd., S. 2 und Werneck/Rollett/Pucher/Schmitt/Nold 2012, S. 329). Die erhobenen Daten stützten die Annahme, dass es gegenüber dem traditionellen Vaterbild auch weitere Vaterschaftskonzepte gab (vgl. Fthenakis/Minsel 2002b, S. 2). Es zeigte sich nach Auswertung der Befragungen zeigte eine klare Rangfolge der Funktionen. An erster Stelle wurde die *soziale* Funktion des Vaters genannt. Gefolgt von der *ökonomischen* sowie an dritter Stelle der *instrumentellen* Funktion. Der *Karriereverzicht* spielt hingegen bei den Befragten eine untergeordnete Rolle (vgl. BMFSFJ 2006, S. 25).

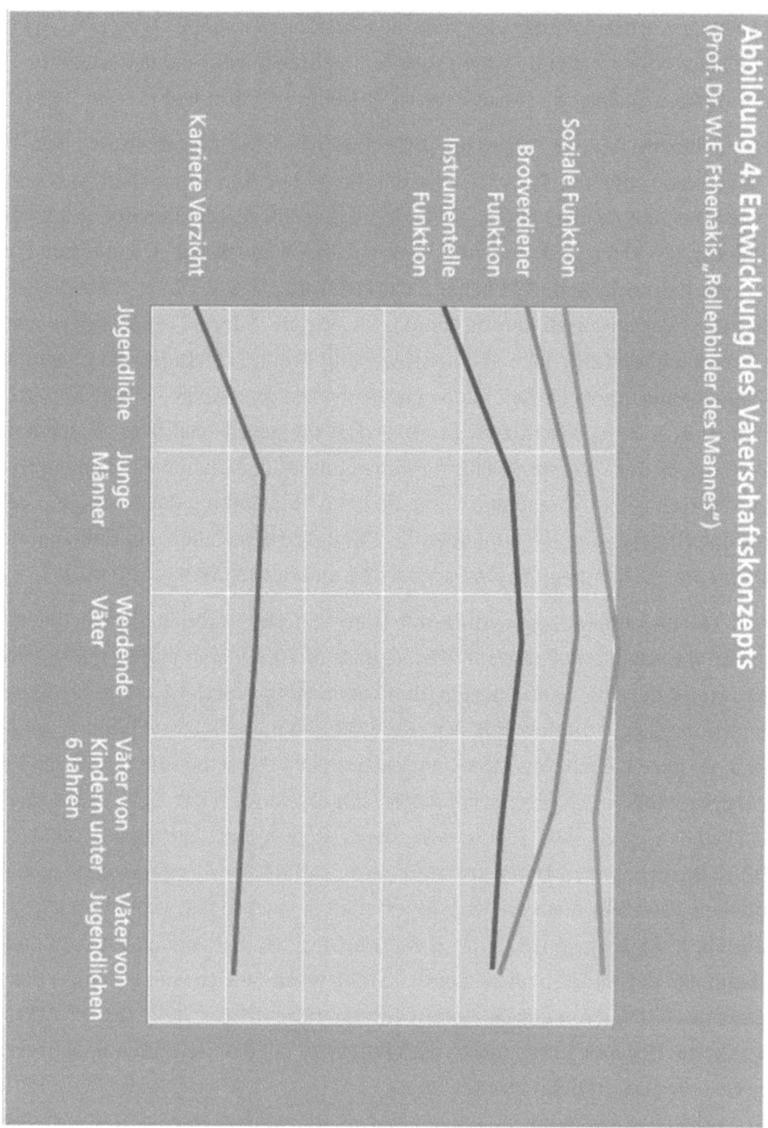

Grafik 1: Entwicklung des Vaterschaftskonzepts[9]

---

[9] Quelle: https://www.bmfsfj.de/blob/76350/71f7fd9dc8cafbe5ee2393cbe16b6e2c/facette-vaterschaft-data.pdf, S. 26 (Download vom 27.07.2017)

Um von der Einstellung zur Vaterschaft auf entsprechende Rollenkonstruktionen der betroffenen Väter Rückschlüsse ziehen zu können, wurden die Aussagen der Väter in zwei ähnlich gelagerte Gruppen, sogenannte *Einstellungsdimensionen*, zusammengefasst (vgl. Werneck/ Rollett/Pucher/Schmitt/Nold 2012, S. 329). Zum einen gab es die Gruppe der *Väter als Ernährer* und zum anderen die Gruppe der *Väter als Erzieher*.

Die *ökonomische* Funktion und die fehlende Bereitschaft des Vaters, auf Karriere zu verzichten, ergaben zusammen den Typus *Vater als Ernährer* (vgl. Fthenakis/Minsel 2002b, S. 2 und BMFSFJ 2006, S. 25). Sie „[...] legen erhöhten Wert auf die Brotverdienerfunktion, auf Erfolg und Erfüllung im Beruf und finanzielle Sicherheit, während sie ihre instrumentelle und soziale Funktion für das Kind weniger betonen und auch weniger zu einem Karriereverzicht bereit sind" (vgl. erneck/Rollett/Pucher/Schmitt/Nold 2012, S. 329).

Im Gegensatz dazu ergaben die *soziale* und die *instrumentelle* Funktion zusammen den Typus *Vater als Erzieher* (vgl. Fthenakis/Minsel 2002b, S. 2 und BMFSFJ 2006, S. 25). Sie orientierten sich „[...] eher an ihrer Familie, streben nach einer stabilen und glücklichen Beziehung zu ihrer Partnerin und ihren Kindern und legen auch mehr Wert auf eine angenehme Freizeitgestaltung" (vgl. Werneck/Rollett/Pucher/Schmitt/Nold 2012, S. 329).

> „Die Studie bestätigt, dass wir gegenwärtig von einer ‚sanften Revolution' im Vaterschaftskonzept bundesweit sprechen können. 66% der Männer [...] definieren sich als ‚Erzieher des Kindes' und nur 34% als ‚Brotverdiener der Familie'
>
> (Fthenakis/Minsel 2002b, S. 2).

Diese Auffassung zur Einstellung bezüglich der Vaterschaft teilten auch die Partnerinnen der befragten Männer. Sie wurden ebenfalls im Zuge der Forschung befragt. Fthenakis und Minsel stellten diesbezüglich fest, dass man von einer neuen sozialen Norm sprechen kann, die das Konzept der Vaterschaft neu definieren lässt (vgl. ebd.).

4.2 *MannsBilder – Ein Jahrzehnt Männerentwicklung* nach Zulehner (2003)

Eine weitere Studie über die Veränderungen der Vaterrolle im deutschsprachigen Raum wurde im Jahr 2003 von Zulehner vorgestellt. In Österreich hat er einen Wandel der Vaterrolle anhand von quantitativen Befragungen über mehrere Jahre lang beobachtet. Während seiner Studie untersuchte Zulehner den nach eigenen Aussage stattfindenden Wandel vom traditionellen zum modernen Mann genauer. Er stellte fest, dass es nebeneinander unterschiedliche Ansichten über verschiedene Männerbilder gab (vgl. Zulehner 2003, S. 12ff). Der Wandel wurde von Zulehner auch als ‚männeremanzipatorische' Bewegung beschrieben, die in ihrem Verlauf Auswirkungen auf das Bewusstsein von Männern, das eigene Lebensgefühl sowie die Lebensstilisierung hatte (vgl. ebd., S. 13). Somit kann es „[...] zu anderen Prioritäten im männlichen Lebensablauf kommen [...]" (ebd.). Insgesamt konnte Zulehner in seiner Studie anhand der Analyse von Einstellungen bezüglich der Ansicht von Rollen verschiede Vatertypen herausarbeiten (vgl. Werneck/ Rollett/Pucher/Schmitt/Nold 2012, S. 329). Dabei teilte er die gewonnenen Ergebnisse clusteranalytisch entsprechend ihrer Rolleneinstellungen über Männer und Frauen in vier verschiedene Typen ein (vgl. ebd. und Zulehner 2003, S. 19).

Die erste Gruppe von Vätern wurde der Gruppe der *traditionellen* Väter zugeordnet, die sich als Ernährer der Familie sehen und haben eine starke Berufsorientierung hatten. Sie vertraten die in der ‚traditionellen' Familie etablierte Rollenteilung zwischen Mann und Frau (vgl. Werneck/Rollett/Pucher/Schmitt/Nold 2012, S. 329). Zeitgemäße Aspekte fanden von ihnen hingegen kaum Zustimmung (vgl. Zulehner 2003, S. 21).

Der Gruppe der traditionellen Väter stand die Gruppe der *modernen* Väter gegenüber (vgl. ebd.). „Die eher den ‚neuen Vätern' entsprechenden *Modernen* [...] definieren sich nicht nur über ihren Beruf, sondern messen auch der Familie eine hohe Bedeutung zu. Die Sicherung der materiellen Existenz sowie die Familienarbeit sehen sie als gemeinsame Aufgabe von Mann und Frau an" (Werneck/Rollett/Pucher/Schmitt/Nold 2012, S. 329).

Nach Zulehner stand der dritte herausgearbeitete Vatertyp, den er als den *Pragmatischen* bezeichnete, dem Traditionellen grundsätzlich näher als dem Modernen. In einem wesentlichen Aspekt jedoch unterschied sich der Pragmatische von den rein Traditionellen (vgl. Zulehner 2003, S. 21), denn die pragmatischen Väter zeigten sich gegenüber dem modernen Rollenverständnis aufgeschlossener. Somit wurden beide Aspekte von ihnen, nach Möglichkeit, pragmatisch kombiniert (vgl. Werneck/Rollett/Pucher/ Schmitt/Nold 2012, S. 329).

Eine weitere Gruppe von Vätern bildeten die *unbestimmten* Väter. Diese Vätertypen schätzten weder die traditionellen Werte noch stimmten sie den zeitgenössisch-modernen Werten zu. Elterlichen Verpflichtungen standen sie eher distanziert gegenüber (vgl. ebd.). Nach Zulehner konnte diese Unbestimmtheit viele Ursachen haben. Einerseits konnte dies an einem bestehenden Desinteresse gegenüber der Geschlechterrollen liegen oder der Mann befand sich auf der Suche nach seiner persönlichen Rolle. Andererseits konnte es auch eine gewisse Unsicherheit widerspiegeln (vgl. Zulehner 2003, S. 21).

Die aus den Untersuchungen gewonnenen Erkenntnisse wurden anschließend von Zulehner mit Ergebnissen einer vorangegangenen Befragung und Studie aus dem Jahr 1992[10], an der er ebenfalls beteiligt war, verglichen. Bei der Betrachtung der Vätertypen aus den beiden Befragungen von 1992 und 2002 kann man, wie in der nachfolgenden Grafik ersichtlich wird, eine Verschiebung von den traditionellen Männern hin zu den modernen Typen erkennen (vgl. ebd., S. 23). Zulehner beschrieb diese Entwicklung als eine Entwicklung der Geschlechter in ihrem Selbstbild (vgl. ebd.). Die nachfolgende Grafik zeigt, dass die Zahl der traditionellen sowie pragmatischen Väter jeweils von 1992 bis 2002 abnahm. Die Gruppe der unbestimmten Väter vergrößerte sich in den Jahren geringfügig. Wenn man einen besonderen Blick auf die modernen Väter wirft, so ist festzustellen, dass ihre Zahl zwischen den beiden Zeiträumen angestiegen ist.

---

[10] Zulehner, Paul M./Slama, Andrea: *Österreichs Männer unterwegs zum neuen Mann? Wie Österreichs Männer sich selbst sehen und wie die Frauen sie einschätzen.* Erweiterter Forschungsbericht, bearbeitet im Rahmen des Ludwig-Boltzmann-Instituts für Werte-forschung. Österreichisches Bundesministerium für Jugend und Familie, Wien 1994.

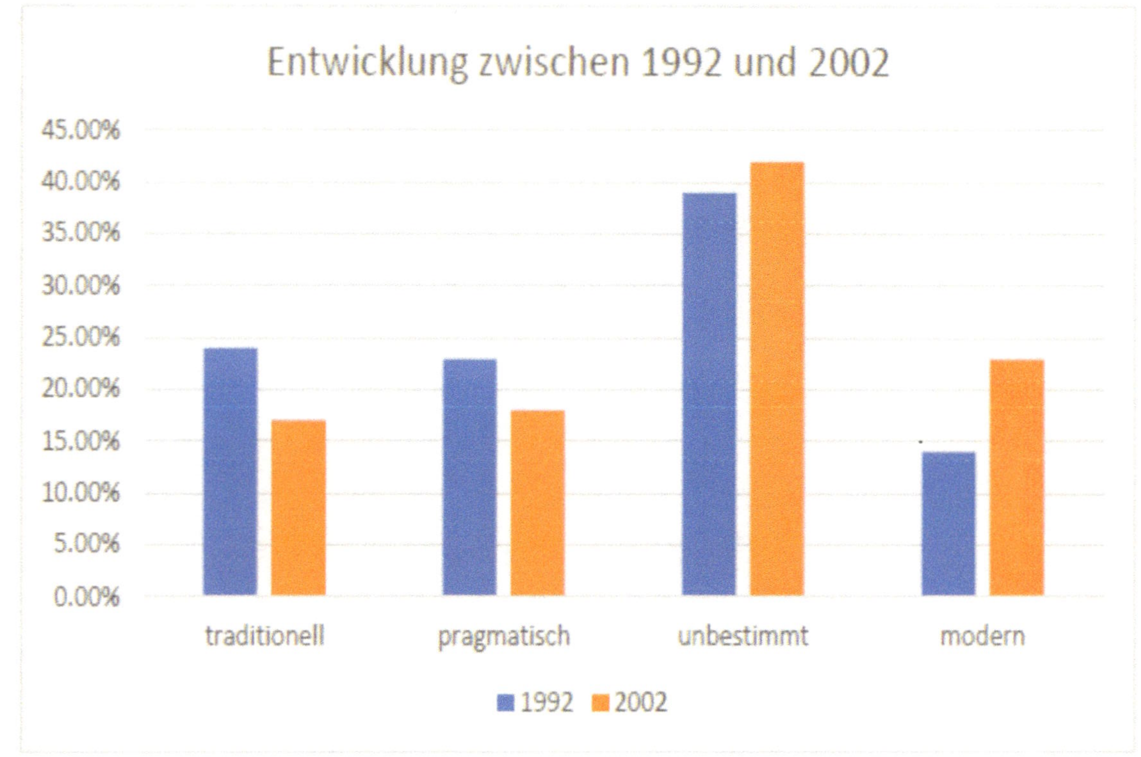

Grafik 2: Entwicklung zwischen 1992 und 2002 [11]

---

[11] Werte der Grafik vgl. Zulehner 2003, S. 23.

Nach Zulehner ließen diese Forschungsergebnisse jedoch offen, wie eine solche Entwicklung zu bewerten ist (vgl. ebd.). „Traditionell heißt nicht schlecht und modern nicht gut" (ebd.). Ebenso blieb die Frage offen, wie stark das Bewusstsein das Handeln prägt oder umgekehrt. Nach Zulehner konnte an dieser stelle nur eine tiefergehende qualitative Studie Aufschluss bringen (vgl. ebd., S. 179).

4.3 *Vaterschaft aus der Sicht von Vätern* – Subjektive Vaterschaftskonzepte nach Matzner (2004)

In seiner Studie *Vaterschaft aus der Sicht von Vätern* richtet Matzner den Blick auf Männer, die ihre Vaterschaft innerhalb einer „vollständigen" Familie, dies bedeutet gemeinsam mit der Mutter der Kinder in einem Haushalt lebend, ausüben (vgl. Künning 2005, S. 1). Nach Matzner hat die Sozialisation des Mannes zum Vater und damit die subjektive Persönlichkeitsentwicklung zum Mann und Vater eine zentrale Bedeutung (vgl. Matzner 2004, S. 39). Bambey und Gumbinger stellen fest, dass Matzner in seinem Modell die psychologische Bedeutung von Vaterschaft, die Entwicklung der väterlichen Identität sowie das Ausmaß der Orientierung an dieser Identität im familialen Alltag integriert hat (vgl. Bambey/Gumbinger 2017, S. 25). Zudem „[...] wirken die Sozialisation zum Vater, die soziale Lage und das Milieu sowie soziokulturelle Einflüsse auf die Persönlichkeit des Vaters, welche ihrerseits in Matzners Modell individuelle Merkmale und Einstellungen des Vaters sowie Erfahrungen als Vater beinhaltet" (Fuhrmans/von der Lippe/Fuhrer 2012, S. 302).

> „Unter einem *subjektiven Vaterschaftskonzept* versteht man die Vorstellung eines Vaters über seine Vaterschaft. Die Vorstellungen spiegeln sich in Auffassungen, Überzeugungen, Einstellungen, Gefühlen und Normen hinsichtlich der Bereiche Vaterschaft, Mutterschaft, Elternschaft, Kindheit, Familie und Erzieher wider"

> (Matzner 2004, S. 436).

Die Erfahrungen in der Praxis während der Vaterschaft bringen immer wieder neue Erfahrungen als Vater mit sich und wirken sich deshalb dynamisch und fortlaufend auf das subjektive Vaterschaftskonzept aus (vgl. Matzner 2004, S. 436 und Fuhrmans/von der Lippe/Fuhrer 2012, S. 302). „Die Definition subjektiver Vaterschaftskonzepte wird von Matzner auf Basis seiner empirischen Ergebnisse folgendermaßen fortgeführt [...]" (Fuhrmans/von der Lippe/Fuhrer 2012, S. 302).

> „Subjektive Vaterschaftskonzepte ermöglichen die Handlungs-planung als Vater und
> geben damit Verhaltenssicherheit. Sie motivieren zu einer erwartungskonformen
> Rollenausübung in Bezug auf eigene als auch auf Erwartungen Dritter. Subjektive Va-
> terschaftskonzepte sind das Resultat eines komplexen Zusammenwirkens verschie-
> dener Determinanten, die sich im Fühlen, Denken und Handeln von Vätern bemerk-
> bar machen. [Sie] haben einen dynamischen Charakter, sie können sich im Laufe der
> Vaterschaft aufgrund wandelnder Determinanten sowie unter dem Einfluss von Er-
> fahrungen, Gefühlen und Erkenntnissen als Vater verändern"

(Matzner 2004, S. 436).

Matzner geht davon aus, dass jedes Handeln als Vater bestimmte Erfahrungen hervorruft. Diese beeinflussen seines Erachtens die weiteren Vorstellungen über die
Vaterschaft und wirken sich damit im zukünftigen Handeln aus. Neben den Erfahrungen verändern sich auch innere und äußere Faktoren, die Einfluss auf die Beteiligung als Vater haben (vgl. Matzner 2004, S. 438). Die subjektiven Vaterschaftskonzepte seien flexibel und würden nicht nur ein einziges Mal von den Vätern ‚gewählt' werden. Stattdessen sind sie seiner Meinung nach ein kontinuierlich wech-
selnder und dynamischer Zustand mit einem ‚relationalen' (in Beziehung zueinan-
derstehenden) Charakter (vgl. ebd.).

> „Subjektive Vaterschaftskonzepte und väterliche Beteiligung entwickeln und verän-
> dern sich als Folge von Entwicklungsprozessen der Persönlichkeit des Vaters und
> der Familienangehörigen [...] sowie aufgrund von äußerlichen Einwirkungen auf den
> Vater und die Familie [...]"

(ebd.).

Diese Wechselwirkung von Einflüssen zwischen der Persönlichkeit, der Sozialisa-
tionserfahrung, des persönlichen Rollenverständnisses, der Kindsmutter als Per-
son und des Kindes selbst sowie der beruflichen Belastung stellt Matzner in dem
folgenden graphischen *Modell – Subjektives Vaterschaftskonzept und die soziale Praxis von Vaterschaft* dar (vgl. ebd., S. 439).

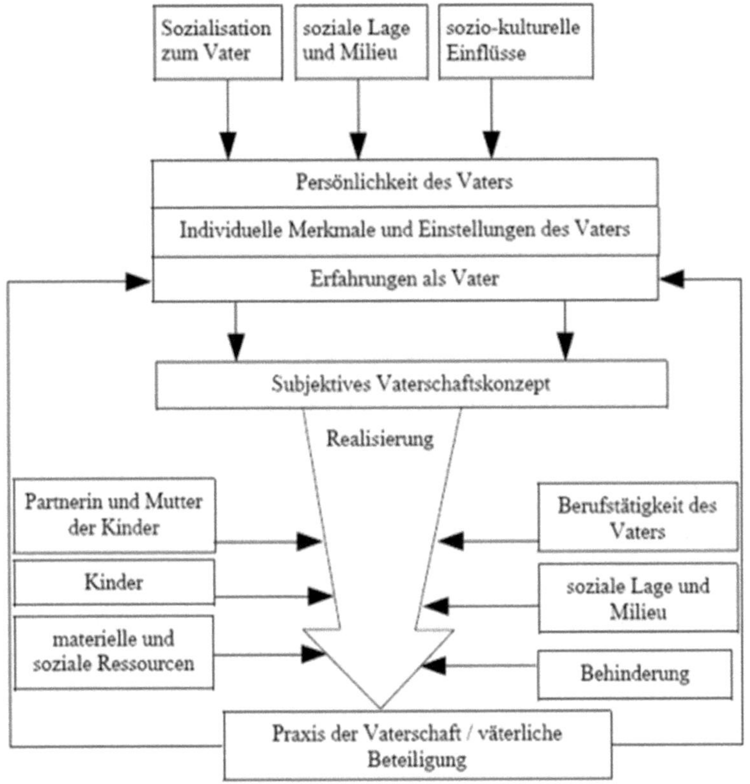

Grafik 3: Subjektives Vaterschaftskonzept[12]

Im Rahmen seiner Forschungsarbeit *Vaterschaft aus der Sicht von Vätern* entwickelte Matzner basierend auf seinem theoretischen Vorwissen die Grundlage für sein Modell des subjektiven Vaterschaftskonzepts (vgl. Künning 2005, S. 2).

In der qualitativ angelegten Studie untersuchte Matzner anhand von 24 problemzentrierten Interviews das tatsächliche Verhalten sowie die subjektiven Vaterschaftskonzepte von Männern unterschiedlicher sozialer Herkunft (vgl. Werneck/Rollett/Pucher/Schmitt/Nold 2012, S. 330). Anhand von Einzelfallanalysen und Fallvergleichen präsentierte der Soziologe schließlich eine Typologie mit

---

[12] Vereinfachtes und erweitertes Modell nach Matzner 2004, S. 439. Quelle: http://www.inklusion-online.net/images/BehrischMatzner.gif (aufgerufen am 30.07.2017).

vier verschiedenen subjektiven Vaterschaftskonzepten: den *traditionellen Ernäh-rer*, den *modernen Ernährer*, den *ganzheitlichen Vater* und den *familienzentrierten Vater* (vgl. ebd., Künning 2005, S. 2 und Matzner 2004, S. 339 ff).

Der *traditionelle Ernährer* sieht die Gründung einer Familie als Selbstverständnis. Der ausgeprägte Kinderwunsch begründet sich mit der Ansicht, dass erst mit dem Beginn seiner Vaterschaft dem Mann die vollwertige Anerkennung in der Gesell-schaft garantiert ist (vgl. Matzner 2004, S. 339 u. 350 sowie Majdanski 2012, S. 48). Dieser Vatertyp identifiziert sich sehr stark mit seiner beruflichen Tätigkeit. Die Sorge- und Erziehungsarbeit überträgt er in vollem Umfang seiner Partnerin. „Die Vaterschaft konzentriert sich vor allem auf die Wahrnehmung der Ernährerfunk-tion. Ansonsten werden nur der Schutz der Familie, die Ausübung der väterlichen Autorität und die Verantwortung für die Berufsausbildung der Kinder als väterliche Funktion verstanden" (Matzner 2004, S. 339). Nach Matzner kann sich in der Ge-genwart dieses Konzept der deutlichen geschlechtsspezifischen Arbeitsteilung nur noch dort erhalten, wo der Modernisierungs- und Individualisierungsprozess an seine Grenze stößt (vgl. ebd., S. 343).

Der *moderne Ernährer* fügt im Unterschied zum rein traditionellen Ernährerkon-zept weitere Funktionen bei der Ausgestaltung seiner Vaterrolle hinzu. Die Bezie-hung zu seinen Kindern ist ihm sehr wichtig. Aus diesem Grund ergänzt dieser Va-tertyp seine Vaterfunktion mit der des *präsenten Vaters*, dem es gelingt eine enge und gute Beziehung zu seinen Kindern zu entwickeln (vgl. ebd., S. 354). „Das mo-derne Ernährerkonzept ist ein Konzept, dessen Kern durch die traditionellen Va-terfunktionen gebildet und durch die Einbeziehung moderner Dimensionen einer aktiven Vaterschaft erweitert wird" (ebd.). Diesen Vätern ist bewusst, dass das neue Leitbild der Vaterrolle nicht nur die des reinen Ernährers, sondern auch die des präsenten und liebevollen Vaters ist. Ihre Vaterschaft ist ihnen sehr wichtig und häufig beschreiben sie ihre Familie als das Wichtigste in ihrem inneren Leben (vgl. ebd.).

Für den *ganzheitlichen Vater* ist die Vaterschaft etwas ganz Besonderes. Er ent-scheidet sich bewusst für ein Kind (vgl. ebd., S. 382). Diese Väter begleiten ihre Frauen bereits während der Schwangerschaft aktiv mit (vgl. ebd.). „Für den *ganz-heitlichen Vater* (der weitgehend dem Typus ‚neue Väter' entspricht) bedeutet Va-terschaft vor allem die kind- und familienbezogene Beteiligung in Form von Prä-senz, Verantwortung und Engagement im Alltag" (Werneck/Rollett/Pucher/Sch-mitt/Nold 2012, S. 330). Väter dieses Typs sind als aktive Väter für ihre Familien im Alltag präsent und übernehmen Verantwortung (vgl. Matzner 2004, S. 383).

„Der Vater möchte nicht nur Helfer der Mutter sein, sondern im Alltag konkrete Verantwortung für seine Kinder übernehmen" (ebd., S. 384). Beim Rollenverständnis innerhalb der Familie besteht beim *ganzheitlichen Vater* keine Auffassung oder Wertvorstellung, die eine geschlechtsspezifische Arbeitsteilung fördern würde (vgl. Werneck/Rollett/Pucher/Schmitt/Nold 2012, S. 331). Nach seiner Ansicht kann die Ernährerfunktion sowohl vom Vater wie auch von der Mutter übernommen werden (vgl. Majdanski 2012, S. 49). Dieser Gemeinschaftsgedanke gilt gleichermaßen auch für die Vorstellung im Familienkonzept sowie der der Elternschaft (vgl. ebd.).

Der *familienzentrierte Vater* möchte ähnlich wie der *ganzheitliche Vater* ein aktiver Vater sein, der eine enge Beziehung zu seinen Kindern entwickelt und der sich auch innerhalb der Familie stark engagiert (vgl. Matzner 2004, S. 425). „Der entscheidende Unterschied zwischen ihnen besteht in der unterschiedlichen Bedeutung des Berufes" (ebd.). Während der *ganzheitliche Vater* mehrere Lebensrelevanzen hat, so konzentriert sich der *familienzentrierte Vater* ganz auf die Familie und damit seine Vaterschaft. Väter dieses Typs sind meist Hausmänner, deren Familie zum Mittelpunkt des Alltags wird (vgl. ebd.). Ein weiterer Unterschied liegt darin, dass *ganzheitliche Väter* auf Grund ihrer Einstellung die Vaterschaft von Beginn an aktiv gestalten, währenddessen *familienzentrierte Väter* oft aufgrund äußerer Rahmenbedingungen, wie zum Beispiel Arbeitslosigkeit, Krankheit, Karriereambitionen der Frau, eher zum aktiven Vater ‚gemacht' werden (vgl. ebd.). Während in diesem Fall die Ernährerfunktion meist von den Müttern übernommen wird, teilen sich beide Elternteile die aktive Elternschaft sowie die kind- und haushaltsbezogenen Tätigkeiten (vgl. Werneck/Rollett/Pucher/Schmitt/Nold 2012, S. 332). Bei manchen Familien kann man in vieler Hinsicht von einer Umkehr des traditionellen Rollenkonzeptes sprechen (vgl. ebd.). Der wesentliche Unterschied zum ‚Hausfrauenmodell' oder der ‚Versorgerehe' besteht darin, dass zumindest ein Teil der Väter über eine unabhängige berufliche Option verfügt, weshalb nicht von einer Hierarchisierung oder Abhängigkeit gesprochen werden kann (vgl. Matzner 2004, S. 430). Matzner zieht aus seiner Untersuchung den Schluss, dass das Konzept des *traditionellen Ernährers* deutlich an Bedeutung verloren hat (vgl. Bambey/Gumbinger 2017, S. 27).

4.4 *Neue Väter – andere Kinder? Vaterschaft, familiale Triade und Sozialisation* nach Bambey/Gumbinger (2006)

Die Zielsetzung des Forschungsprojektes *Neue Väter – andere Kinder? Vaterschaft, familiale Triade und Sozialisation* (2006) war es, die in unserer Gesellschaft anzutreffenden Formen von Vaterschaft detailliert zu untersuchen. Dabei sollte das Spektrum des heutigen Vaterseins genauer in den Blick genommen werden (vgl. Bambey/Gumbinger 2006, S. 29). Es wurde untersucht, inwiefern sich die Rolle des Vaters gewandelt hat und wie sich dies auf die jeweilige Familienkonstellation auswirkte (vgl. ebd., S. 26). In einem ersten quantitativen Schritt wurden differenzierte Väter-Typologien anhand der Auswertung von mehr als 1500 Fragebögen erarbeitet (vgl. ebd., S. 29). Befragt wurden Väter von Grundschulkindern im Raum Frankfurt a. M. (vgl. Seiffge-Krenke 2016, S. 59). Neben der Einstellung zum Rollenbild zwischen Mann und Frau sollten in erster Linie „[...] die emotionale Kompetenz und Einfühlung in Bezug auf das Kind, das Erleben der Partnerschaft, das familiale Engagement und die Positionierung im familialen Gefüge, die Sicherheit in der väterlichen Rolle und die Einstellung zur Herkunftsfamilie [...]" (vgl. Gumbinger/Bambey 2009, S. 200 f.) erfragt werden. Durch Anwendung einer Clusteranalyse ließen sich insgesamt sechs Vatertypen voneinander unterscheiden (vgl. ebd. und Bambey/Gumbinger 2006, S. 27). Die Ergebnisse dieser Typologie wurden anschließend durch qualitative leitfadengestützte Eltern-Interviews vertieft und mit weiteren Fragestellungen verknüpft (vgl. Bambey/Gumbinger 2006, S. 29). Die folgende Grafik zeigt das Ergebnis der Clusteranalyse und die dadurch differenzierten sechs Vatertypen, welche im Anschluss näher vorgestellt werden (vgl. Gumbinger/Bambey 2009, S. 201).

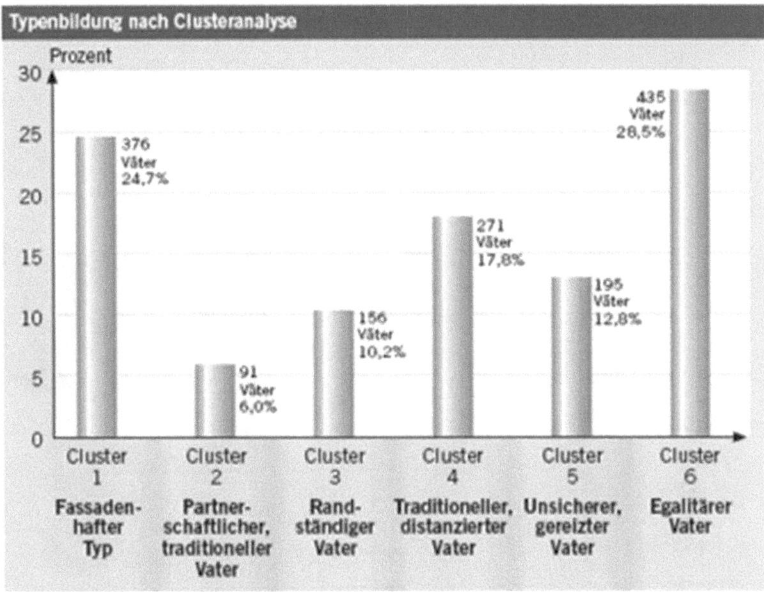

Grafik 4: Vätertypen[13]

Die Süddeutsche Zeitung betitelt die Ergebnisse dieser Forschungsarbeit mit der Überschrift *Sechs Väter-Typen hat das Land*[14] und stellt in dem Artikel die einzelnen Vätertypen meines Erachtens sehr gut bildlich dar. Dabei wird die jeweilige Position des Vaters innerhalb seiner Familie treffend widergespiegelt (vgl. Süddeutsche Zeitung 2006). In diesem Kapitel werden diese Schaubilder einleitend zu den Beschreibungen der einzelnen Vatertypen zur Veranschaulichung verwendet.

---

[13] Grafische Darstellung von verschiedenen Vatertypen nach einer Clusteranalyse von 1524 Vätern. Adaptiert nach Bambey und Gumbinger 2006. Quelle: http://sciencev1. orf.at/static2.orf.at/science/storyimg/storypart_231108.gif (aufgerufen am 30.07.2017).

[14] Quelle: http://www.sueddeutsche.de/leben/ueberblick-sechs-vaeter-typen-hat-das-land-1.225182 (aufgerufen am 31.07.2017).

4.4.1 Der egalitäre Vater

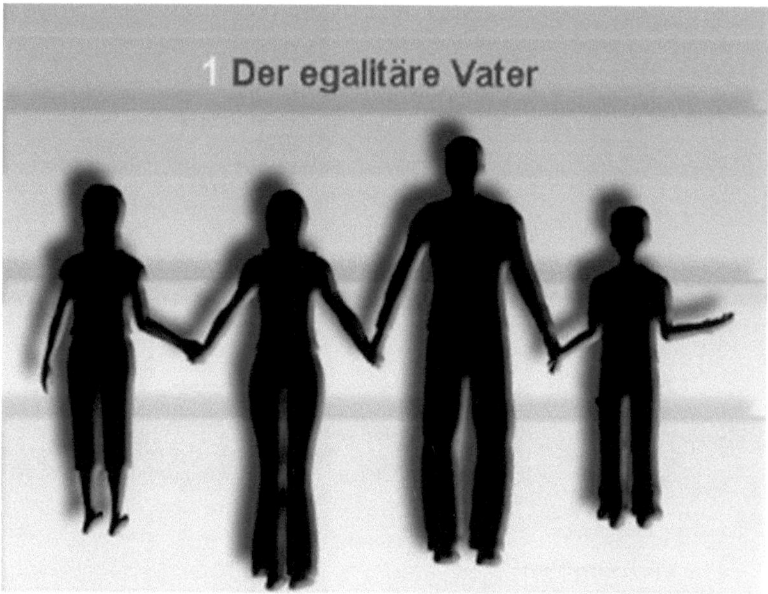

Grafik 5: Der egalitäre Vater[15]

Wie in der oben aufgeführten Grafik 4 ersichtlich wird, bilden die *egalitären Väter* die größte Gruppe mit einem Anteil von 28,5 Prozent (vgl. Gumbinger/Bambey 2009, S. 201). Sie spiegeln nach Bambey und Gumbinger den ‚neuen' Vatertyp wider und leben den Wandel vom traditionellen Rollenbild hin zu einer dauerhaften Veränderung in Richtung einer egalitären Eltern- und Partnerschaft (vgl. ebd., S. 204). Das zentrale Motiv für den Wandel ist bei diesen engagierten Vätern neben der gerechten Verteilung der Familienarbeit auch das Bedürfnis nach einer engeren und emotionalen Beziehung zum Kind (vgl. ebd.). Die Vater-Kind-Beziehung hat für Väter dieses Typs eine hohe Bedeutung. Die kindlichen Bedürfnisse sowie die Stärken und Schwächen des Kindes werden von ihnen empathisch wahrgenommen (vgl. ebd., S. 205). Sie gelten als partnerschaftlich, dem Kind zugewandt, geduldig und von der Partnerin in Erziehungsangelegenheiten hoch akzeptiert beschrieben (vgl. Bambey/Gumbinger 2006, S. 29). In der Praxis kann es bei der Gestaltung der egalitären Vaterschaft, bedingt durch berufliche oder finanzielle

---

[15] Quelle: http://www.sueddeutsche.de/leben/ueberblick-sechs-vaeter-typen-hat-das-land-1.225182 (aufgerufen am 31.07.2017).

Zwänge, zu Familienkonstellationen mit einer starken traditionellen Ausrichtung kommen (vgl. ebd.). Gemeinsam mit der Partnerin streben sie jedoch auch bei einer hohen beruflichen Belastung an, eine Alltagsorganisation und emotionale Zuwendung zum Kind nicht zur alleinigen Aufgabe der Mutter werden zu lassen (vgl. ebd.).

4.4.2 Der fassadenhafte Vater

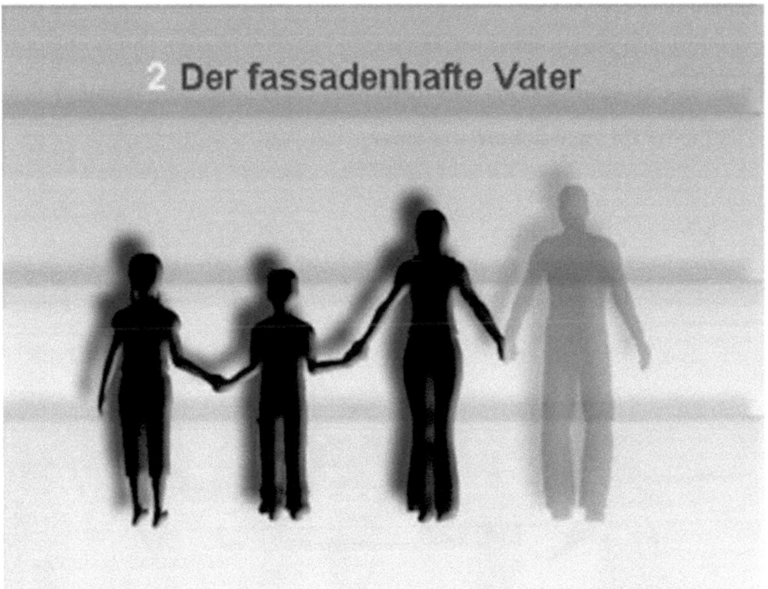

Grafik 6: Der fassadenhafte Vater[16]

Im Hinblick auf die Ergebnisse des quantitativen Teils der Studie wirken die Väter dieser zweitgrößten Gruppe durchaus als modern denkend und handelnd (vgl. Gumbinger/Bambey 2009, S. 207). „Es sind die Ergebnisse des qualitativen Teils der Studie, die ganz andere Züge zutage fördern, die insbesondere dem Bild eines engagierten, egalitären Vaters widersprechen" (ebd.). In ihrer Selbst- und Außendarstellung beschreiben sich die fassadenhaften Väter durchaus als engagiert und mehr als nur reine Brotverdiener. Von traditionellen Rollenverständnissen distanzieren sie sich weitgehend. Zudem schätzen sie ihr Verhältnis zum Kind sehr positiv

---

16   Quelle: http://www.sueddeutsche.de/leben/ueberblick-sechs-vaeter-typen-hat-das-land-1.225182 (aufgerufen am 31.07.2017).

ein und verstehen sich selbst als ‚Freund des Kindes' (vgl. Bambey/Gumbinger 2006, S. 28). In der Praxis folgen diese Väter jedoch häufig einem traditionellen Rollenmodell, wonach die Mutter hauptsächlich die Erziehungsaufgaben übernimmt. Dieser Typus hat eine sehr ungenaue Vorstellung davon, wie er als Vater sein möchte. In Erziehungsfragen zeigt er sich oft überfordert und hat keinerlei Lösungsansätze, um Alltagsprobleme zu bewältigen (vgl. ebd.). Zudem nehmen diese Vätertypen emotional wenig am Leben ihres Kindes teil. Stattdessen stellen sie ihre eigenen Bedürfnisse in den Vordergrund (vgl. ebd.) So kommt es, dass hinter der Fassade des fürsorglichen, überlegenen und gewissenhaften Vaters eher ein hilfloser Vater steckt (vgl. ebd.).

4.4.3 Der traditionell-distanzierte Vater

Grafik 7: Der traditionell-distanzierte Vater[17]

Mit 17,8 Prozent bilden die *traditionell-distanzierten Väter* die nächstgrößte Gruppe bei der Typisierung nach Bambey und Gumbinger (vgl. Gumbinger/ Bambey 2009, S. 201). Väter dieses Typs handeln nach dem im klassischen Sinne

---

[17] Quelle: http://www.sueddeutsche.de/leben/ueberblick-sechs-vaeter-typen-hat-das-land-1.225182 (aufgerufen am 31.07.2017).

traditionellen Rollenverständnis zwischen Mann und Frau (vgl. Bambey/Gumbinger 2006, S. 30). Ihres Erachtens besteht die väterliche Aufgabe darin, den Unterhalt der Familie zu sichern (vgl. ebd.). Da, aus Sicht dieser Väter, Frauen ‚von Natur aus' besser mit Kindern umgehen können, sind Mütter entsprechend für die Sorgearbeit und auch für die emotionalen Zuwendungen zuständig (vgl. Gumbinger/Bambey 2009, S. 202). Auch in ihrer Selbstbeschreibung wirkt der *traditionell-distanzierte* Vater eher emotional distanziert. „Lediglich über gemeinsame sportliche Aktivitäten oder technische Interessen baut er Beziehungen zu seinem Kind auf" (Süddeutsche Zeitung 2006).

4.4.4 Der unsichere, gereizte Vater

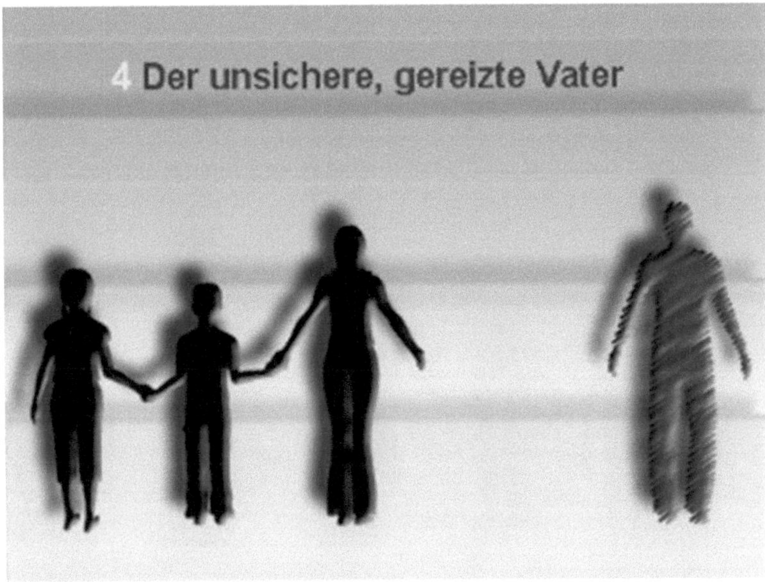

Grafik 8: Der unsichere, gereizte Vater[18]

Mit 12,8 % Anteil an der Befragung bilden die *unsicheren, gereizten Väter* die vierte Gruppe (vgl. Gumbinger/Bambey 2009, S. 201). Sie handeln sehr oft im traditionellen Rollenschema, sind jedoch durchaus auch dem Typus der neu definierten väterlichen Rolle verbunden (vgl. ebd., S. 212). „Die Selbsteinschätzung dieser Väter

---

[18] Quelle: http://www.sueddeutsche.de/leben/ueberblick-sechs-vaeter-typen-hat-das-land-1.225182 (aufgerufen am 31.07.2017).

sowie ihr tatsächliches Handeln sind massiv von Rollenunsicherheit geprägt und gehen mit ungeduldigem, gereiztem Verhalten einher" (ebd., S. 211). Zu ihrer väterlichen Identität finden sie nur schwer und sind bei der Ausübung der erwarteten Rolle stark verunsichert (vgl. Bambey/Gumbinger 2006, S. 30). Sie stoßen regelmäßig an ihre Grenzen und reagieren meist ungeduldig und stark gereizt auf die Bedürfnisse ihrer Kinder. Auf Grund dieses Verhaltens fällt dieser Typus durch ein sehr problematisches Vater-Kind-Verhältnis auf (vgl. ebd.). „Letztlich stehen die Ansprüche, die mit dem Bild emotional engagierter und kompetenter Vaterschaft verbunden sind, mit den in mehrerlei Hinsicht traditionellen Orientierungen dieser Väter in Konflikt" (Gumbinger/Bambey 2009, S. 212).

4.4.5 Der randständige Vater

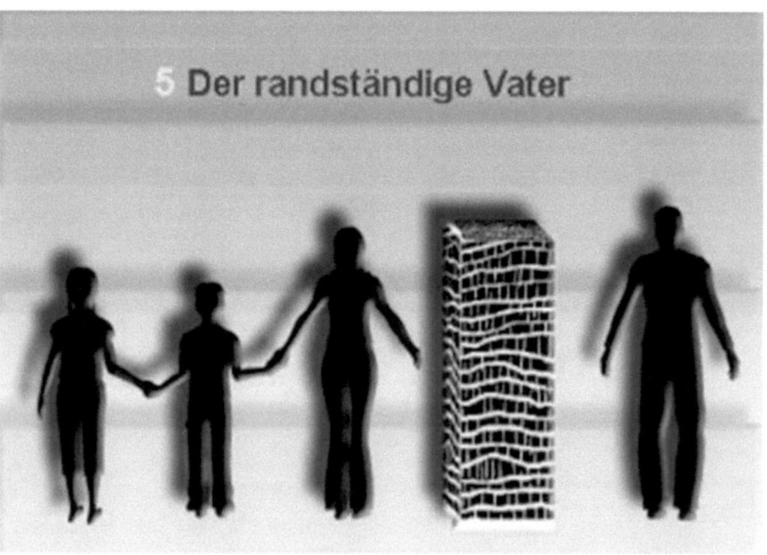

Grafik 9: Der randständige Vater[19]

Eine weitere Gruppe von etwa zehn Prozent der befragten Väter wurde von den beiden Soziologen als *randständig* bezeichnet (vgl. Gumbinger/Bambey 2009, S. 201). Bei diesem Vatertyp hängt ein väterliches Engagement häufig davon ab, wie seine Partnerin seine Kompetenz als Vater bewertet und einschätzt (vgl. ebd., S.

---

[19] Quelle: http://www.sueddeutsche.de/leben/ueberblick-sechs-vaeter-typen-hat-das-land-1.225182 (aufgerufen am 31.07.2017).

209). In der Regel scheint sie seinen erzieherischen Fähigkeiten zu misstrauen und beurteilt das Verhalten eher kritisch (vgl. ebd.). „Da sich der *randständige Vater* im Fragebogen zugleich gegenüber einer modernen Vaterrolle durchaus aufgeschlossen zeigt, könnte es sich also um das Phänomen des ‚Gatekeeping' der Mutter handeln" (ebd.). Eine Mutter, die dieses Verhalten zeigt, sieht sich aufgrund ihrer traditionellen Rollenauffassung in ihrem Terrain der Erziehungskompetenz gestört. Ein väterliches modernes Verhalten ist gegenüber ihren Erziehungsstandards scheinbar unangemessen und wird deshalb von ihr kritisch gesehen (vgl. ebd., S. 210). Sie kann dieses Verhalten als Eingriff in ihren Kompetenzbereich erleben (vgl. Bambey/Gumbinger 2006, S. 28). Die beschriebene Eltern-Kind-Triade stößt des Öfteren auf gegensätzliche Auffassungen und Wahrnehmungen. Häufig haben diese Elternpaare eine unterschiedliche Lebensvorstellung in Bezug auf Familie, was zu Auseinandersetzungen führen kann (vgl. Gumbinger/Bambey 2009, S. 210). Aus der Not heraus oder auch aus Überzeugung kann der *randständige Vater* die traditionelle Rollenvorstellung nicht aufgeben. Die Randständigkeit des Vaters scheint nach Ansicht von Bambey und Gumbinger daher ein Lösungsversuch zu sein, einer moderneren Einstellung bezüglich der Vaterrolle offen gegenüber zu stehen, jedoch ohne die damit zusammenhängenden emotionalen Bindungen und Ansprüche einzulösen (vgl. ebd.).

4.4.6 Der partnerschaftliche, traditionelle Vater

Grafik 10: Der partnerschaftliche, traditionelle Vater[20]

Die mit sechs Prozent kleinste Gruppe bilden die *partnerschaftlichen und traditionellen Väter.* Sie haben viel gemein mit den *egalitären Vätern*(vgl. Gumbinger/Bambey 2009, S. 201 und Bambey/Gumbinger 2006, S. 30). „Beide Typen engagieren sich stark, sind geduldig und werden von der Partnerin im hohen Maß akzeptiert. Beide richten ihr Leben stark danach aus, um der Fürsorge der Kinder gerecht zu werden" (Süddeutsche Zeitung 2006). Ein wesentlicher Unterschied zum egalitären Vater sehen Bambey und Gumbinger darin, dass der partnerschaftliche traditionelle Vater gleichzeitig auch am männlich geprägten Rollenvorstellungen in der Erziehung beharrt (vgl. Bambey/Gumbinger 2006, S. 30). „In der Partnerschaft erwachsen auf dieser Ebene kaum Konflikte, denn die Mütter streben ebenfalls ein partnerschaftliches Arrangement im familialen Zusammenleben an, anerkennen jedoch die Position des Partners als ‚Familienoberhaupt'" (Gumbinger/Bambey 2009, S. 206).

---

[20] Quelle: http://www.sueddeutsche.de/leben/ueberblick-sechs-vaeter-typen-hat-das-land-1.225182 (aufgerufen am 31.07.2017).

Denn Väter dieses Typs halten auf der einen Seite deutlich an traditionellen Inhalten des männlichen Rollenbildes fest, andererseits können sie umstandslos partnerschaftliche Einstellungen und Verhaltensweisen integrieren (vgl. ebd.).

4.5 Zusammenfassung

In der noch jungen Geschichte der Väterforschung hat es vermehrt Ansätze gegeben, den Wandel der Vaterrolle zu erfassen. Dabei wurden die Auswirkungen unterschiedlicher Konzeptionen der Vaterrolle in den letzten Jahren verstärkt thematisiert (vgl. Werneck/Rollett/Pucher/Schmitt/Nold 2012, S. 326). Im Rahmen der vier vorgestellten Forschungsarbeiten wurden verschiedene Ansätze aufgezeigt, um die neue Rolle des Vaters zu typisieren. Vorab wurde von allen festgestellt, dass es eine Veränderung in der Gesellschaft und damit auch bei den Vätern gegeben hatte. Denn der Wandel der Vaterrolle ist in Prozessen der gesellschaftlichen Modernisierung eingebettet (vgl. Gumbinger/Bambey 2009, S. 196). Ein weiteres Indiz für diese Entwicklung ist die steigende Zahl an Vätern in Elternzeit (vgl. Seiffge-Krenke 2016, S. 58). Zudem wurde die Veränderung der Vaterrolle zum neuen Vater durchgehend als Gegenmodell der traditionellen Vaterschaft verstanden und definiert.

> „Vor allem die Verschiebung der Vaterrolle vom Familienernährer hin zum Erzieher, die größere Beteiligung von Vätern an Haushalts- und Familienarbeit, die infrage gestellte väterliche Autorität sowie die neuen Leitbilder einer engagierten Vaterschaft gelten als Anzeichen einer grundlegenden Veränderung"
>
> (Gumbinger/Bambey 2009, S. 196).

Einen ersten repräsentativen Ansatz zur Erfassung dieser Entwicklung gaben Fthenakis und Minsel 2002 mit ihrer Forschungsarbeit *Die Rolle des Vaters in der Familie*. Sie waren vom Grundsatz ausgegangen, dass sich die Vaterrolle bereits lange vor der Vaterschaft entwickelt hatte(vgl. Fthenakis/Minsel 2002a, S. 92ff). Mit Hilfe einer quantitativen Befragung wurden vier väterliche Funktionen (Soziale Funktion, Brotverdiener-Funktion, Instrumentelle-Funktion und der Karriereverzicht) gewichtend zusammengefasst (vgl. Werneck/Rollett/Rucher/Schmitt/Nold 2012, S. 329). Die erhobenen Daten stützten die Annahme, dass es gegenüber dem traditionellen Vaterbild auch weitere Vaterschaftskonzepte gab (vgl. Fthenakis/Minsel 2002b, S.2). Die befragten Väter wurden in Bezug auf ihre Einstellung zur Vaterschaft in zwei Gruppen unterteilt. Dabei handelte es sich einerseits um *Ernährer* und andererseits den des *Erziehers* (vgl. Fthenakis/Minsel 2002b, S.2).

Dieser erste Ansatz in der Väterforschung zeigte zunächst auf, dass es neben dem traditionellen Vatermodell noch weitere Modelle von Vaterschaft gab. Als Grundlage ihrer Forschungsarbeit wurde von Fthenakis und Minsel diesbezüglich jedoch lediglich die persönliche Einstellung zur Vaterrolle bei der Befragung mitberücksichtigt (vgl. Werneck/Rollett/Rucher/Schmitt/Nold 2012, S. 328). Trotzdem gilt diese Forschungsarbeit als eine der ersten, die den Blick auf die veränderte Rolle der Väter gerichtet und sich dabei mit grundsätzliche Überlegungen zu verschiedenen Typisierungsansätzen in der empirischen Vaterforschung befasst hat (vgl. Bambey/Gumbinger 2017, S. 15). Auch Zulehner (2003) betrachtete die Veränderung der Vatterrolle ausschließlich mit Blick auf die vorhandene Einstellung der Väter zur Vaterrolle (vgl. ebd., S. 329). Darüber hinaus zeigte er mit seiner Studie *MannsBilder* (2003), dass sich die Gruppen weiter differenzieren ließen (vgl. ebd.). So ordnete er die befragten Väter nunmehr vier verschiedenen Vatertypen zu. Es gab den *traditionellen* Vater, den *moderne*n Vater, den *pragmatischen* sowie den *unbestimmten* Vater (vgl. Zulehner 2003). Weitergehende Analysen der beschriebenen Typen durch eine innerfamiliale oder psychische Dynamik ist hier jedoch unberücksichtigt geblieben. Somit konnten Ambivalenzen der väterlichen Rolle, die die unterschiedlichen Ausgestaltungsformen von Vaterschaft heute aufzeigen, kaum hervortreten (vgl. Bambey/Gumbinger 2017, S. 23). Matzner stellte diesbezüglich fest, dass wissenschaftliche Aussagen über Väter und Vaterschaft im deutschsprachigen Raum weitgehend auf Ergebnissen von quantitativ orientierten Studien basiert haben (vgl. Matzner 2004, S. 17). Um auch andere Aspekte, wie zum Beispiel subjektive Erfahrungen und Wahrnehmungen, Deutungen, Erlebnisse und Gefühle von Vätern erfassen zu können, führte Matzner in seiner Studie *Vaterschaft aus der Sicht von Vätern* (2004) qualitative Interviews durch. Er entwickelte das Modell des subjektiven Vaterschaftskonzeptes. Dies hatte als wesentliches Element einen individuellen Entwurf der väterlichen Rolle auf der Basis eigener Kindheitserfahrungen beziehungsweise der Persönlichkeits-entwicklung des Vaters (vgl. Gumbinger/Bambey 2009, S. 199). Anhand von Einzelfallanalysen und Fallvergleichen präsentierte er eine Typologie mit vier verschiedenen subjektiven Vaterschaftskonzepten: den *traditionellen Ernährer*, den *modernen Ernährer*, den *ganzheitlichen Vater* und den *familienzentrierten Vater* (vgl. Matzner 2004, S. 339 ff). Zusammenfassend ist festzustellen, dass eine Veränderung väterlicher Rollenkonstruktionen wahrgenommen und dargestellt wurde. Es existierten laut Matzner zwar nach wie vor Gruppen von Vätern, die eher traditionelle Rollen lebten und bevorzugten, daneben gab es aber zunehmend Vätertypen, die verschiedene Formen von Übergängen zu einer egalitären Konstruktion der Vaterrolle verwirklichten (vgl. Werneck/Rollett/Pucher/Schmitt/Nold 2012, S. 333). Gegenüber dem modernisierten Leitbild von Vaterschaft ist nach Bambey und Gumbinger festzustellen, dass Matzners Vatertypen dazu tendiert haben, entweder zu einer relativ eindeutigen Abwehr oder völliger Identifikation zu neigen (vgl. Bambey/Gumbinger 2017, S. 27). Dies hatte ihrer Meinung nach zur Folge, dass aktuell wirksame Ambivalenzen oder Konfliktpotenziale des Wandlungsprozesses der väterlichen Rolle damit unthematisiert geblieben sind (vgl. ebd.).

Die zuletzt beschriebene Studie *Neue Väter – andere Kinder? Vaterschaft, familiale Triade und Sozialisation* von Bambey und Gumbinger (2006) erbrachte noch differenziertere Ergebnisse hinsichtlich der Typisierung der Vaterrollen (vgl. Seiffge-Krenke 2016, S. 59). Mithilfe einer Clusteranalyse wurden Ergebnisse einer quantitativen Befragung von Vätern zusammengefasst und in nun sechs verschiedene Väter-Typen eingeteilt: der *fassadenhafte*, der *partnerschaftlich-traditionelle*, der *randständige*, der *traditionell-distanzierte*, der *unsichere-gereizte* sowie der *egalitäre* Vater (vgl. Bambey/Gumbinger 2006, S. 29 und Gumbinger/Bambey 2009, S.201). So konnten unter anderem auch die Einstellung zum Rollenbild, das Erleben der Partnerschaft, das familiale Engagement und die Sicherheit in der väterlichen Rolle mitberücksichtigt werden (vgl. Gumbinger/Bambey, S. 200f.). Diese Ergebnisse wurden im Gegensatz zu den bisherigen Studien anschließend mit Erkenntnissen aus durchgeführten qualitativen Interviews ergänzt und verknüpft (vgl. Bambey/Gumbinger 2006, S. 29). Zusammenfassend kann man daher sagen, dass die Studie von Bambey und Gumbinger ein differenzierteres Bild der Vaterrollen herausarbeiten und darstellen konnte. Das ‚Nebeneinander‘ von unterschiedlichen Gestaltungsformen von Vaterschaft während des Modernisierungsprozesses der väterlichen Rolle konnte somit differenziert dargelegt werden (vgl. Bambey/Gumbinger 2017, S. 17). Die in dieser Studie als egalitär genannten Väter verkörperten nach Seiffge-Krenke das neue Leitbild einer engagierten Vaterschaft (vgl. Seiffge-Krenke 2016, S. 60). Dem damit einhergehenden modernen Rollenbildverständnis des neuen Vaters entsprachen etwa ein Drittel der befragten Väter (vgl. ebd.). Zudem entsprach „[...] der partnerschaftliche, traditionelle Vater am ehesten den allgemeinen Rollenerwartungen, die laut Fthenakis und Minsel (2002) durch die Integration des Rollenbildes des Erziehers in das des Ernährers gekennzeichnet ist" (Gumbinger/Bambey 2009, S. 206).

Bei einer genaueren Betrachtung der ausgewerteten Ergebnisse ist zu erkennen, dass sich knapp die Hälfte der befragten Väter weiterhin an einem traditionellen Rollenmodell orientierte (vgl. ebd.). Matzner stellte dazu fest, dass der traditionelle

Vater stark an seiner Bedeutung verloren hat (vgl. Matzner 1998, S. 14). „Andererseits erweist sich die gelebte Praxis des Vaterseins immer noch als überwiegend traditionell. Noch immer sind es die Mütter, die ungeachtet ihres eigenen Erwerbsvolumens den ‚Löwenanteil' der Sorgearbeit erledigen" (Possinger 2013b, S. 23). Die Modernisierung der Vaterschaft ist nach Ansicht von Bambey und Gumbinger in Bezug auf die konkrete weitere Ausformung einer egalitären und engagierten Vaterschaft weiterhin offen (vgl. Gumbinger/Bambey 2009, S. 214). Als Kennzeichen einer modernen Vaterschaft gilt vor allem die Vielfalt möglicher Gestaltungen dieser Rolle (vgl. Trauner 2007, S. 1). Es ist dabei unstrittig, dass die Transformation der Geschlechterrollen eine breite Varianz möglicher Rollenausgestaltungen mit sich gebracht hat (vgl. Bambey/Gumbinger 2017, S. 15). Dabei wurden die neuen oder auch egalitären Väter in den vorgestellten Studien deutlich als Leitbildcharaktere beschrieben (vgl. ebd.). Ebenso wurde aufgezeigt, dass es auch eine Reihe von Vätern gab, die auf Grund von Hindernissen und Schwierigkeiten an der Ausübung der von ihnen gewünschten aktiven Vaterschaft gehindert wurden. Im Folgenden wird auf diese Problematik näher eingegangen.

5 Hindernisse und Schwierigkeiten für eine engagierte Vaterschaft

Auf den ersten Blick scheinen die Vorteile einer engagierten Vaterschaft für die eigenen Kinder auf der Hand zu liegen. So würden von einer partnerschaftlichen Arbeitsteilung mit einer zunehmend stärkeren Beteiligung der Väter an der Sorgearbeit vor allem die Kinder profitieren(vgl. Possinger 2013b, S. 12).

> „Ein wachsender Anteil der Männer mag sich nicht mehr damit begnügen, Familie nur ‚zu haben‘, sondern möchte sie – entgegen traditioneller Rollenbilder und konfligierender Anforderungen der Arbeitswelt – auch leben können. Das Engagement für Kinder hat hierbei einen hervorgehobenen Stellenwert"

(Li/Zerle-Elsäßer/ Entleitner-Phleps/Schier 2015, S. 13).

Jedoch gilt es für Väter, einige Hindernisse und Schwierigkeiten auf dem Weg zur engagierten Vaterschaft zu überwinden. Döge und Volz stellen dabei eine gewisse Ambivalenz innerhalb der Gesellschaft fest. So bekämen ihrer Ansicht nach Männer, die versuchten alternative Entwürfe zum traditionellen Mann zu leben und entsprechend eine stärkere Familienorientierung auch im Alltag umzusetzen, nicht selten eine offen bekundete Geringschätzung ihres Verhaltens seitens der Kolleginnen und Kollegen in der Arbeitswelt aber auch des privaten Umfeldes zu spüren (vgl. Döge/Volz 2002, S. 46 ff). Im Wandel des Rollenverständnisses zwischen Mann und Frau kann es auch zu einer Unsicherheit des Vaters kommen. Im neuen Rollenverständnis sollen Männer fürsorglich, emotional und sensibel, gleichzeitig jedoch mit dem männlichen Charisma eines George Clooney ausgestattet sein (vgl. Süfke 2008, S. 84 ff). Diese neue Idealfigur des Mannes geht laut Jurcyk und Lange allerdings in vielerlei Hinsicht an der Realität vorbei (vgl. Jurczyk/Lange 2009, S. 17). Denn in diesem Spannungsfeld zwischen Alleinernährer und aktivem Vater sind viele Hindernisse und Schwierigkeiten vorhanden (vgl. Volz 2006, S. 55). Nachfolgend werden einige davon, wie zum Beispiel das Familieneinkommen sowie Arbeitswelt und Erwartungen, auf dem Weg zu einer engagierten Vaterschaft näher beschrieben.

5.1 Familieneinkommen

Als eines der größten Hindernisse für eine engagierte Vaterschaft mit einem partnerschaftlichen beziehungsweise egalitären Sorge-Arrangements sieht Possinger die ökonomischen Rahmenbedingungen, wie das in den meisten Fällen höhere Gehalt des Mannes im Vergleich zu dem Einkommen seiner Partnerin (vgl. Possinger

2015, S. 144). Weiter führt sie an, dass je mehr ein Vater im Vergleich zu seiner Partnerin zum Haushaltseinkommen beiträgt, desto irrationaler wird für ihn eine aktive Beteiligung an der Kinderfürsorge (vgl. ebd.). Im Gegensatz dazu wurde im Familienreport 2014 ein positiver Effekt durch die neuen Rollenbilder innerhalb der Familie und dem Engagement der egalitär denkenden Väter festgestellt. So würde durch das zunehmende Engagement der Väter nicht nur die Bindung zwischen Vater und Kind positiv beeinflusst, sondern auch den Müttern ermöglicht, leichter in den Beruf zurückzukehren (vgl. BMFSFJ 2015, S. 52). Trotzdem ist es für viele Familien nicht möglich, die ökonomischen Voraussetzungen beim Haupternährer der Familie, in der Regel der Vater, zu verändern (vgl. Possinger 2013b, S. 24). Die überwiegende Mehrheit der Männer in Deutschland arbeitet ganztags und erwirtschaftet einen vollen Verdienst (vgl. Matzner 2004, S. 117). Nach Nave-Herz sei jedoch weiterhin eine Tendenz zur Abnahme der ‚Hausfrauen-Ehe' zu beobachten (vgl. Nave-Herz 2012, S. 59). Dennoch besitzt die Verknüpfung der Vater- mit einer Berufsrolle in unserer Gesellschaft einen hohen Grad an Verbindlichkeit (vgl. ebd.). Nach Possinger wägen Familien durchaus wirtschaftlich-rational ab, für welchen Elternteil es ökonomisch sinnvoller erscheint, nach der Geburt eines Kindes eine längere berufliche Auszeit zu nehmen beziehungsweise eine Reduzierung der Arbeitszeit zu erwirken (vgl. Possinger 2013b, S. 25). Für das Familieneinkommen bedeutet dies, dass, wenn beide Elternteile erwerbstätig sind, vor allem, wenn die Frau in Vollzeit arbeitet oder ein höheres Einkommen hat, die Väter häufiger Elterngeld beziehen (vgl. BMFSFJ 2015, S. 52). Dieses Bild scheint nahezulegen, dass eher die Väter Elterngeld beziehen und damit eine engagierte Vaterschaft vollziehen können, deren Familien ein gesichertes Einkommen haben und eher auf einen Teil des Einkommens des Vaters verzichten können oder bei denen Väter beruflich in einer guten Verhandlungsposition sind, so dass sie sich Elternzeit eher ‚leisten' können (vgl. ebd.). Fest stehe, dass mithilfe der ‚Vätermonate' im Rahmen des Elterngeldes gezielt Anreize gesetzt wurden, um Vätern zu ermöglichen, sich an der Sorgearbeit für ihre Kinder zu beteiligen (vgl. Possinger 2013b, S. 7).

5.2 Mütter

Bis vor kurzer Zeit war die Erziehung der Kinder eine Domäne der Frauen (vgl. Leimbach 2017, S. 16). Leimbach stellt jedoch fest, dass sich Frauen in der Gesellschaft und im Beruf viele vormals den Männern vorbehaltene Bereiche ‚erobert' haben. Sie seien jedoch häufig nicht bereit, auch die Kontrolle über Kinder und Erziehung abzugeben oder zu teilen (vgl. ebd.). So gesehen muss sich eine aktive

Vaterschaft immer auch gegen eine etablierte Routine und Einflusszonen innerhalb der Familie durchsetzen (vgl. Meuser 2012a, S. 74). Nach Meuser bestimmen die Frauen in einem nicht geringen Maße das Ausmaß, in dem Väter sich in das Binnengeschehen der Familie einbringen dürfen und inwieweit sie bereit sind, die Zuständigkeit für Familienaufgaben aus der Hand zu geben (vgl. ebd.). Recht deutlich wird Matzner bei den nach seiner Sicht von einigen Frauen zu oft nur vordergründig gewünschten Verhaltensänderungen von ihren Partnern (vgl. Matzner 1998, S. 16). Er führt an, dass einigen Müttern der partnerschaftliche, aktive Vater, der die Mutter-Kind-Dyade gefährde, ein größerer Dorn im Auge sei als der traditionelle Vatertyp (vgl. ebd.). Dabei kann eine kompetente Ausübung der Vaterrolle und eine hohe Beteiligung des Mannes an der Erziehungs- und Hausarbeit von der Mutter als Bedrohung, traditionelle weibliche Einflusszonen zu verlieren, verstanden werden (vgl. Possinger 2013a, S. 269). Dieses Phänomen bezeichnet Possinger als ‚Hegemoniale Mütterlichkeit'. Diese führe dazu, dass eine aktive Aushandlung über eine Arbeitsteilung bei der Ausübung der Elternschaft in vielen Familien nicht stattfindet (vgl. ebd.). Als *Gatekeeping*[21] wird dieses Verhalten in der amerikanischen Forschung verstanden und genannt (vgl. Meuser 2014, S. 166). Mütterliche Gatekeeping-Prozesse werden definiert als „[...] eine Ansammlung von Überzeugungen und Verhaltensweisen, die eine Kooperation von Frauen und Männern in der Familienarbeit erschweren, indem die Gelegenheiten der Männer, durch Beteiligung an der Familienarbeit zu lernen, begrenzt werden" (vgl. ebd.). Mütter seien sich jedoch ihres Gatekeeping in der Regel ebenso wenig bewusst wie der potentiellen Konsequenzen für das väterliche Engagement (vgl. Meuser 2012a, S. 74). Hohe Qualitätsansprüche an die Väter bei der Ausübung geduldeter Sorgearbeiten sowie der Anspruch, die Hauptverantwortung für die Versorgung der Kinder selbst zu übernehmen, seien nach Possinger weitere Faktoren für ein Gatekeeping-Verhalten der Mütter (vgl. Possinger 2015, S. 145). Der Rückzug des Vaters aus der Sorgearbeit ist eine häufige Folge dessen (vgl. ebd.). „Damit Formen ‚neuer Vaterschaft' gelebt werden können, braucht es also auch ‚neue Mutterschaft', um Vätern Raum für eigenes Sorgeengagement zu geben" (ebd.).

Zusammenfassend kann man sagen, dass der ‚neue' Vater nicht ohne eine ‚neue' Mutter denkbar ist (vgl. Otto 2000, S. 55). Das mütterliche Terrain der Kindersorge kann laut Otto nicht ersatzlos aufgegeben werden. Sollten jedoch Frauen adäquate weitere Bestätigungsfelder haben, wären ihrer Ansicht nach die meisten Mütter

---

21 Wörtliche Übersetzung aus dem Englischen: gatekeeper = Türsteher.

froh, Entlastungen in Haushalt und Kindererziehung zu bekommen (vgl. ebd.). „In dem Maße, in dem sich Frauen auch über gesellschaftliche oder berufliche Tätigkeiten definieren können [...] und wollen, [...] ist mehr Platz für den neuen Vater" (ebd.). Umso mehr sollte nach Streidl ein Vater, der immer noch den Bonus des Neuankömmlings hat, auf diesem früher rein weiblich dominierten Terrain auch tatsächlich neue Wege gehen dürfen (vgl. Streidl 2015, S. 26).

5.3 Arbeitswelt und Erwartungen

Vor allem Väter, die ihr berufliches zugunsten des familiären Engagements reduzieren wollen, treffen nach wie vor auf eine hochgradig widerständige Berufswelt (vgl. Meuser 2012a, S. 74). Nach Bohn gibt es viele Unternehmen, die selbstverständlich Teilzeitmodelle für Frauen haben, jedoch denken die wenigsten davon auch an die männlichen Mitarbeiter (vgl. Bohn 2006, S. 76). Ebenso ist ein wichtiger Hinderungsgrund für die Nutzung von Elternzeit bei Vätern laut BMFSFJ die Angst vor Karriereeinbußen (vgl. BMFSFJ 2015, S. 52). Diese ist begründet in einem überwiegend traditionellen Geschlechter- und vor allem Männerbild auf der betrieblichen Ebene (vgl. Janzen 2010, S. 47). Das traditionelle Rollenverständnis in den Unternehmen führt automatisch zu einer Abwertung familienorientierter Männer (vgl. ebd.). So kann sich bei der vorhandenen gesellschaftlichen Erwartungshaltung eine berufstätige Mutter einen beruflichen Ausstieg und eine Umorientierung auf die Familie eher erlauben als ein Vater, der dann sofort mit Kritik zu rechnen hat (vgl. Matzner 2004, S. 120). Denn eine Beantragung von Elternzeit oder die Reduzierung der Arbeitszeit von einem Mitarbeiter wird nach Janzen direkt als mangelndes berufliches Interesse gedeutet und negativ bewertet (vgl. Janzen 2010, S.47). Auf Grund der neuen Erwartungen an die Männer als moderne Väter und das im Gegensatz noch in der Arbeitswelt weit verbreitete traditionelle Rollenverständnis vom Mann als Ernährer können Väter genauso in eine Vereinbarkeitsproblematik geraten wie Mütter (vgl. Nave-Herz 2012, S. 59). Steidl stellt diesbezüglich fest, dass die Vereinbarkeit von Erwerbstätigkeit und Familie für Frauen gewiss kein Kinderspiel sei, jedoch für Männer dagegen dieser Spagat eine noch größere Herausforderung ist (vgl. Streidl 2015, S. 27). Gleichwohl stellt Janzen einen leichten Anstieg an Unternehmen fest, die sich auf die Wünsche der Väter einlassen (vgl. Janzen 2010, S. 47). Im Familienreport 2014 wurde dieser leichte Trend ebenfalls bestätigt (vgl. BMFSFJ 2015, S. 52). In einer Umfrage berichteten 57 Prozent der Väter mit Elternzeiterfahrung von positiven und dagegen 15 Prozent von negativen Erfahrungen mit den Kolleginnen und Kollegen (vgl. ebd.).

Als Norm zeigt sich, dass in Unternehmen die zwei Partnermonate bei den Vätern weitgehende Akzeptanz finden (vgl. ebd.). „Doch trotzdem bleibt noch viel Unverständnis im Umfeld der Männer" (Janzen 2010, S. 47).

5.4 Die Unsicherheit von Vätern

Wie bereits im vorherigen Kapitel 4 bereits erwähnt wurde, gilt als ein Kennzeichen von moderner Vaterschaft die Vielfalt möglicher Gestaltungen dieser Rolle (vgl. Trauner 2007, S. 1). „Früher war das Rollenbild fester gefügt, heute gibt es ein riesiges Spektrum an Vätertypen. [...] Männer müssen nicht nur entscheiden, ob sie Vater sein wollen, sondern auch, wie sie ihre Vaterschaft leben möchten" (ebd.). Dieser Umstand macht die Sache nicht leichter. Es scheint so, als würde die Wahlmöglichkeit die Väter bisweilen eher verunsichern anstatt ihnen neue Perspektiven zu eröffnen (vgl. ebd.). Nach Gumbinger sei auch Vater-Sein deshalb schwieriger geworden, „[...] weil den Vätern heute Fähigkeiten abverlangt werden – wie zum Beispiel Einfühlungsvermögen –, die sie in ihrer Sozialisation nicht erworben haben" (vgl. ebd.). Ein Grund dafür sieht er unter anderem in den fehlenden positiven Vorbildern in der eigenen Sozialisation. Heutige Väter haben ihren eigenen Vater entweder als kaum präsent oder aber als extrem autoritär erlebt (vgl. ebd.). Sie nehmen sich vielleicht vor, dieses erlebte Vaterverhalten bei ihren eigenen Kindern zu ändern, jedoch zeigt sich in der Praxis, wie sehr sie verunsichert sind. Väter haben heutzutage kaum eine Vorstellung davon, wie sie ihre Kinder ‚bevatern' können (vgl. Leimbach 2017, S. 15). Dieser große Anteil von unsicheren Vätern findet sich wieder in den in Kapitel 4 angeführten Studien von Bambey/Gumbinger und Zulehner, die sie beschreiben als ‚unsichere, gereizte' und auch ‚fassadenhafte' beziehungsweise ‚unbestimmte' Väter (vgl. Bambey/Gumbinger 2006 und Zulehner 2003). Leimbach stellt dazu fest, dass es immer mehr ‚schwache' Väter gibt. Sie seien zwar zu Hause, aber dabei sind sie sehr unsicher und manipulierbar in ihrem Handeln als Vater (vgl. Leimbach 2017, S. 16). Um denen, die den Wunsch haben, eine engagierte Vaterschaft zu leben, durch unterstützende Maßnahmen die Unsicherheit zu nehmen und ihnen die notwendige Selbstsicherheit mit ihrer neuen Rolle zu ermöglichen, ist eine professionelle „Väterarbeit" im Bereich der Sozialen Arbeit ein guter Ansatz. Dabei sei es nach Leimbach wichtig, dass das Vatersein nicht einfach von den Müttern kopiert wird, sondern dass eine eigene Vorstellung der Vaterrolle entwickelt wird (vgl. Leimbach 2017, S. 118 ff). Kinder bräuchten seiner Meinung nach „[...] keine zweite Mama, sondern einen Papa [...]" (ebd.).

6 Väterarbeit in der Sozialen Arbeit

Wenn man aktuell das Schlagwort *Väterarbeit* in einer Suchmaschine eingibt, erscheinen mitunter Leitfäden und Orientierungshilfen aus verschiedenen Bereichen. Scheinbar haben viele Träger aber auch Städte und Gemeinden sowie einzelne Bundesländer die Aktualität dieses Themas erkannt. Aber wie ordnet man die Väterarbeit in der Sozialen Arbeit ein? Grundlegend versteht Staub-Bernasconi die Soziale Arbeit als gesellschaftliches Subsystem, welches der Sicherstellung zentraler menschlicher Bedürfnisse dient (vgl. Staub-Bernasconi in Kuhlmann 2013, S. 141). Zur Sozialen Arbeit zählt er unter anderem Hilfeformen wie die Beratung, Bewusstseinsbildung, ‚Nacherziehungs-‘ und Bildungshilfe, Öffentlichkeitsarbeit, soziale Vernetzung aber auch das Finden neuer Ideen und Utopien (vgl. ebd.). Dabei findet die Soziale Arbeit stets im Spannungsfeld zwischen Hilfe und Kontrolle, Integration und gesellschaftlicher Veränderung sowie zwischen Expertentum und Ehrenamt statt (vgl. ebd., S. 142). Zur Begriffseingrenzung erklärt Verlinden, dass Väterarbeit ein in Mode kommender Begriff sei, der auf Quellen aus dem Wandel des Geschlechterverhältnisses in unserer Gesellschaft verweist (vgl. Verlinden 2009, S.1). Im Zusammenhang mit der Sozialen Arbeit sollte dieser Begriff jedoch „[...] immer dann benutzt werden, wenn zugleich die dafür notwendigen Subjekte, Konzepte, Absichten, Ressourcen und Kompetenzen identifizierbar und nachprüfbar bleiben. Wer macht was, mit welchen Mitteln, für wen und mit welcher Absicht in Väterarbeit“ (vgl. ebd.). Wichtig sei auch, die Qualität der Väterarbeit in der Praxis durch Fachlichkeit kontinuierlich weiter zu entwickeln (vgl. ebd.). Das *Bundesforum Männer* fasst die Väterarbeit als ein Querschnittsthema der Sozialen Arbeit zusammen (vgl. *Bundesforum Männer* 2017, S. 37). Diese findet überall dort statt, wo Väter tatsächlich eine Rolle spielen oder dies eigentlich tun sollten (vgl. ebd.). Die Vielfältigkeit der Aufgaben im Bereich der Väterarbeit wird dort anhand der vielschichtigen Lebensumstände von Familien beschrieben. So gibt es Väter, die aus Überzeugung und im Einklang mit ihrer Partnerin ein traditionelles Rollenbild leben. Ebenso existieren diejenigen, denen es gelingt, mit ihrer Partnerin ein ausgewogeneres partnerschaftliches Modell im Rollenverhalten und bei der Aufteilung von Erwerbs- und Familienarbeit umzusetzen (vgl. ebd.). Zwischen diesen beiden Polen von Tradition und Moderne bestehen vielfältige und unterschiedliche Facetten der familiären Lebensführung (vgl. ebd.). Verglichen mit den früheren Generationen ist es nach Liel für Väter heute selbstverständlicher, sich an der Erziehung des Kindes zu beteiligen, unabhängig davon, inwieweit dies im Einzelfall gelingt (vgl. Liel 2016, S. 29). Zudem erklärt er, dass dieser Wandel als

Herausforderung verstanden werden muss. „Die Soziale Arbeit, die vielfältige Unterstützungsangebote für Familien von der Kinderbetreuung über die Familienbildung bis hin zu Hilfen für Familien in Problemlagen oder Krisen bereithält, ist dabei nicht ausgenommen" (ebd.). Jedoch habe die Väterarbeit dabei nicht den Auftrag, eine bestimmte Form der Lebens-führung oder Aufgabenteilung innerhalb der Familie herbeizuführen (vgl. *Bundesforum Männer* 2017, S. 37). Vielmehr liegt der Fokus auf den Bedarfen von Vätern. Die Soziale Arbeit fragt nach dem Unterschied zwischen der tatsächlichen Alltagspraxis von Vätern und den eigentlichen Vorstellungen und Wünschen (vgl. Thiersch in *Bundesforum Männer* 2017, S. 37). „Väterarbeit will den gestiegenen Orientierungsbedarf bei Vätern aufgreifen, sie in ihrer zeittypischen und in ihrer je eigenen einzigartigen Vaterschaft stärken" (Verlinden 2009, S. 1). Nach Erbes seien nicht nur die Festigung des Selbstbewusstseins als Vater, sondern auch die Stärkung von Partnerschaftlichkeit, Beziehungs- und Konfliktfähigkeit sowie auch Information und Beratung zu rechtlichen und anderen Fragen Ziele der Väterarbeit (vgl. Erbes 2014, S. 15). Dazu sollte seines Erachtens eine Grundhaltung herrschen, die davon überzeugt sei, dass Väter sich so gut wie Mütter um ihr Kind kümmern können, dass Väter das Beste für Kinder wollen und dass Väter keine Beschulung brauchen, sondern Raum um sich auszutauschen (vgl. ebd.). Anders als bei allgemeinen Angeboten für Familien oder Eltern spricht die Väterarbeit ausdrücklich nur Väter an (vgl. *Bundesforum Männer* 2017, S. 37). Häufig würden sich Väter bei Angeboten für Eltern oder Familie nicht angesprochen fühlen (vgl. ebd.). Diese Begrifflichkeiten werden von Männern oft als weiblich konnotiert und empfunden (vgl. ebd.). „Ansatzpunkte für Väterarbeit ergeben sich schwerpunktmäßig bei Umbrüchen im Lebensverlauf, wie beispielsweise zu Beginn der Vaterschaft oder bei Trennungen, und bei akuten Erziehungsproblemen" (Liel, 2016, S. 29). Verlinden beschreibt diese Umbrüche als Übergänge, in denen die Identität des Einzelnen neu definiert wird und die Umgebung unter einer veränderten Sicht wahrgenommen sowie emotionale Unsicherheiten empfunden werden (vgl. Verlinden 2004, S. 15). Die Ausrichtung von Väterarbeit lebt allerdings von flexiblen, an Teilnehmern orientierten Angeboten, die sich speziell an die ständige Neu-Ausrichtung der wandelnden Interessen und Bedürfnisse der verschiedenen Zielgruppen unterschiedlicher Sozialräume orientieren (vgl. ebd. S. 9). Insgesamt sieht Verlinden im Bereich der Väterarbeit ein großes berufliches Zukunftspotential für sozialpädagogische Fachmänner, die sich einer professionellen kollegialen Qualitätsentwicklung stellen (vgl. Verlinden 2009, S. 1).

6.1 Professionalität in der Väterarbeit

Grundlegend wichtig sei es nach Liel, proaktiv auf Väter zuzugehen und sie möglichst von Beginn des Hilfeprozesses an zu beteiligen (vgl. Liel 2016, S. 31). Dabei sollten bei einer wertschätzenden Grundhaltung und motivierenden Gesprächsführung die Probleme immer klar benannt werden (vgl. ebd.). Verlinden ist, in Bezug auf die Professionalität der Väterarbeit eine konkretere Verankerung der Arbeit mit Vätern in den Tätigkeitsfeldern von ErzieherInnen, SozialarbeiterInnen, SozialpädagogInnen, PädagogInnen, LehrerInnen, PsychologInnen und SeelsorgerInnen sowie Personal-trainerInnen und verwandter Fachkräfte, welche im Umfeld erwähnter Akteure anzusiedeln sind, sehr wichtig, da dieses Thema interdisziplinär zu betrachten sei (vgl. Verlinden 2009, S. 1). Diese Komplexität wird auch vom *Bundesforum Männer* anhand einer Matrix beschrieben. Die folgende Grafik zeigt den vollen Umfang von dem, was Väter-Arbeit in der Praxis ist oder sein kann (vgl. *Bundesforum Männer* 2017, S. 39).

Grafik 11: Väter-Arbeit[22]

---

22 Quelle: https://bundesforum-maenner.de/wp-content/uploads/2017/03/S39Grafik-Wissen.jpg (Download vom 05.08.2017).

Diese Grafik verdeutlicht, dass die Professionalität in der Schnittmenge aus den drei Kernbereichen des väterspezifischen Wissens, der Methodenkenntnisse und des Fachwissens zum Handlungsfeld herbeigeführt wird (vgl. ebd.). „Väter-Arbeit vollzieht sich hier aus verschiedenen Anlässen und in verschiedenen Kontexten. Sie entfaltet ihr wirkliches Potential in der Überschneidung mit der Professionalität der Handlungsfelder und ihrer Methoden" (ebd.). Eine gute Vernetzung zu anderen Fachgebieten, die jedoch ebenfalls spezifisch gezielt auf Vaterschaft ausgerichtet sein sollten, ist eine zwingende Voraussetzung für eine gute Väterarbeit (vgl. Verlinden 2009, S. 2 und *Bundesforum Männer* 2017, S. 39). Darüber hinaus wäre es nach Verlinden günstig, wenn Fachkräfte selbst Väter sind. So kann sowohl die Glaubwürdigkeit als auch die Resonanz bei den Teilnehmenden erhöht werden (vgl. Verlinden 2004, S. 21). Eine gute Väterarbeit sollte sich regelmäßig reflektieren. Durch eine kontinuierliche Qualitäts- und Erfolgskontrolle der Maßnahmen und Angebote können so wichtige Hinweise auf Chancen und Grenzen sowie Fortentwicklungsmöglichkeiten aufgezeigt und umgesetzt werden (vgl. ebd.).

6.2 Ansätze von Väterarbeit in der Sozialen Arbeit

„Professionelle Väterarbeit konnte sich zwischenzeitlich auf breiter Ebene etablieren, ihre Relevanz ist unstrittig" (Erbes 2014, S. 21). Jedoch stellt Erbes fest, dass es noch an Zugängen zu Vätern sowie an passgenauen Konzepten für die pädagogische und Soziale Arbeit fehlt (vgl. ebd.). Diese zu entwickeln sieht sie in den nächsten Jahren als eine der Hauptaufgaben (vgl. ebd.). Zudem stellt Verlinden fest, dass für erfolgreiche Angebote an Väter die Zielgruppen noch stärker als bisher unter den werdenden Vätern sowie Vätern in der Anfangsphase der Familienentwicklung erreicht werden müssen (vgl. Verlinden 2004, S. 68). Seiner Ansicht nach werden dort die Weichen für Erziehungskompetenzen in der Familie und für die Balance Familie-Beruf-Freizeit gestellt (vgl. ebd.).

Als einen zukünftigen Schwerpunkt im Bereich der Väterarbeit sieht Verlinden die Arbeit in Unternehmen und Betrieben (vgl. Verlinden 2009, S. 6). Wie in Kapitel 5.3 genauer erläutert wurde, gibt es in Unternehmen eine weit verbreitete traditionelle Rollenvorstellung in Bezug auf Väter. Dies bringt mitunter die familienorientierten Männer in eine problematische Situation (vgl. Janzen 2010, S. 47). Verlinden zählt diesbezüglich gezielte Ansätze für eine betriebliche Väterarbeit auf. Unter anderem sei es wichtig, Väter im Betrieb sichtbar zu machen. Damit meint er eine personalstatistische Würdigung differenziert nach Vaterschaft, um den Väteranteil unter den Mitarbeitern identifizieren zu können (vgl. Verlinden 2009, S. 8). Zudem sei es erforderlich, sogenannte Spielregeln für Väter in Betriebsvereinbarungen festzulegen. Ein weiterer möglicher Ansatzpunkt wäre die Transparenz für Familienangehörige durch Einbeziehung des Arbeitsalltages mit der Familie,

getreu dem Motto: „Lass Deine Familie sehen, wo und was Du arbeitest" (ebd.). Meines Erachtens kann die Soziale Arbeit in diesem Bereich viele Vorurteile und Diskrepanzen durch Dialog und gezielte Aktionen abbauen oder sogar beseitigen. Denn eine gute Väter-Kinder-Arbeit kann sicher nicht alle Probleme lösen, insgesamt kann man jedoch feststellen, dass sie eine positive Auswirkung auf die gesamte Familie hat (vgl. Rams/Volz 2006, S. 59). Hilfreiche und notwendige Rahmenbedingungen können auch von Seiten der Politik gestaltet werden. Nachfolgend wird diesbezüglich ein Überblick über die Väter in der Familienpolitik gegeben.

7 Väter in der Familienpolitik

In den letzten Jahren ist eine erhebliche Veränderung bei der Bedeutung von Familienpolitik zu beobachten. Auf allen Ebenen des politischen Systems in Deutschland ist die Familienpolitik von einem eher randständigen zu einem zentralen Politikfeld geworden (vgl. Gerlach 2010, S. 256 und 417). Die Familienpolitik versucht unterstützend auf das Zusammenleben von Paaren, das Leben mit Kindern und den Generationenzusammenhang einzuwirken. Dabei haben familienpolitische Maßnahmen immer auch Einfluss auf andere Politikfelder, wie zum Beispiel die Gleichstellungs-, Sozial- oder auch Arbeitsmarktpolitik (vgl. ebd.). Nach Gerlach setze Familienpolitik nicht nur den ordnungspolitischen Rahmen für Familien, sondern greife auch in deren Binnenstruktur ein (vgl. Gerlach 2009, S. 1). Eine zentrale Aufgabe von Familienpolitik in unserer Zeit muss die Orientierung an der dynamischen Sicht unserer Familien sein, die auch die Lebensentwicklung aller männlichen und weiblichen Familienmitglieder während des gesamten Lebenszyklus im Auge behält und sich daran orientiert (vgl. Lehr 2012, S. 23). Jedoch ist festzustellen, dass überwiegend politische, wissenschaftliche und auch ökonomische Gesichtspunkte bezüglich des Wandels der Frauenrolle diskutiert werden (vgl. Bertram 2012, S. 37). Dabei haben die neuen Lebensentwürfe für Frauen und Mütter natürlich eine unmittelbare Konsequenz für Väter und Männer (vgl. ebd.). Die Rolle der Väter wird in diesen Diskussionen bisher nicht deutlich thematisiert (vgl. ebd.). Huber und Schäfer stellen diesbezüglich fest, dass eine Väterpolitik als eigenständiges Politikressort in Deutschland nicht existent sei (vgl. Huber/Schäfer 2012, S. 127). „Gleichwohl zeichnen sich auf staatlich-politischer Ebene gerade in der jüngsten Vergangenheit neue Tendenzen und eine gewisse Sensibilität für die schon seit etlichen Jahren ins Feld geführten ‚neuen Väter' ab" (ebd., S. 128). Die Aktualität des Väterthemas zeigt sich unter anderem auch in der Etablierung neuer politischer Regelungen, die speziell auf Väter Bezug nehmen (vgl. Abel/Abel 2009, S. 231). Ein Beispiel stellt die Einführung des Elterngeldes zum 1. Januar 2007 dar. Dieses führte, wie erste Wirkungsanalysen zeigten, durch das Angebot der als im Volksmund bekannten ‚Vätermonate', zu Bewegungen bei der Rollenvorstellung zwischen Vätern und Müttern (vgl. ebd.). Die Männer- beziehungsweise Väterpolitik sieht Gesterkamp als einen politischen Ansatz, der männliche Interessen, Bedürfnisse und auch mögliche Diskriminierungen unter Gender-Aspekten betrachtet und entsprechend Einfluss zu nehmen versucht (vgl. Gesterkamp 2012, S. 3). Baranosky, Gerlach und Schneider stellen diesbezüglich eine veränderte Haltung innerhalb der letzten Jahre bei der Gestaltung der bundesdeutschen Familienpolitik gegenüber Vätern fest, die sich ursprünglich von Ausgrenzung über scheinbare Integration hin zu gezielter Ansprache gewandelt hat (vgl. Baronsky/Gerlach/Schneider 2012, S. 33). Als Aufgabe von Väterpolitik versteht man unter anderem das Engagement, sich für eine Etablierung solider gesetzlicher Regelungen bei der Elternzeit und zur Vereinbarkeit von Beruf und Familie einzusetzen (vgl. Huber/Schäfer 2012, S. 144). Diese Regelungen sind sowohl auf Bundesebene wie auch auf regionaler Ebene zu fördern (vgl. ebd.). Eine Wirksamkeit von väterbezogener Politik ist an der Reaktion der Väter erkennbar, die den Gesinnungswandel in der Politik grundsätzlich widerspiegelt (vgl. Baronsky/Gerlach/Schneider 2012, S. 36). Diese positive Entwicklung ist sowohl anhand von Einstellungsbefragungen ersichtlich als auch an der steigenden Inanspruchnahme des Elterngeldes messbar (vgl. ebd.). Mit Blick auf familien- und gleichstellungspolitische Aspekte von Väterpolitik sollten nach Huber und Schäfer Väter durch konkrete Programme und Öffentlichkeitsarbeit ermutigt werden, die Elternzeit in Anspruch zu nehmen (vgl. Huber/Schäfer 2012, S.144). Die Einführung des Elterngeldes bezeichnen sie als einen Anfang väterorientierter politischer Bemühungen, die jedoch auch deutlich die Grenzen der Väterwirksamkeit aufzeigen (vgl. ebd., S. 129). Um Vätern, zugunsten einer guten Entwicklung der Vater-Kind-Beziehung und einer guten innerfamiliären Beziehung weitere Anreize zu geben, schlagen sie eine symbolpolitische Einführung von einem besonderen Vaterschaftsurlaub zur Geburt eines Kindes vor (vgl. ebd.). Zudem benennen sie konkrete Schritte und Maßnahmen einer väterorientierten Politik. Unter anderem fordern sie eine bedarfsorientierte Unterstützung für die Familien- und Erziehungsarbeit, den Ausbau qualitativ hochwertiger, kostengünstiger und zeitlich flexibler Kinderbetreuung, eine Weiterentwicklung der finanziellen Transferleistungen (wie zum Beispiel Elterngeld) in Zeiten der familienbedingten Freistellung von Arbeit, die Schaffung der nötigen Voraussetzungen, um Mütter und Väter in allen die Kinder betreffenden Belangen gleichzustellen, eine Veränderung in der Besteuerung von Familien sowie die Schließung der Verdienstlücke zwischen Frauen und Männern (vgl. ebd. und S. 139f). Es ist hinreichend bekannt, dass in Deutschland die Einkommensunterschiede zwischen Männern und Frauen überdurchschnittlich groß sind (vgl. ebd., S. 129). Eine gute Väterpolitik kann nach Bertram jedoch erst nach einer gelungenen Genderpolitik gelingen, die auf eine Gleichheit der Löhne und der Arbeitsbedingungen abzielt. Erst dann sei eine innerfamiliäre Neuausrichtung auf privater Ebene gänzlich möglich (vgl. Bertram 2012, S. 44). Zudem ist der Wandel von Rollenbildern eine gemeinsame Aufgabe von Männern und Frauen. „Chancengleichheit und gleichberechtigte politische Strukturen können die Geschlechter nur gemeinsam erreichen"

(Gesterkamp 2012, S. 9). Väterpolitik ist eine Querschnittsaufgabe durch viele politische Ressorts. Sie betrifft in ihrer Vielschichtigkeit unter anderem die Familienpolitik, Gleichstellungspolitik, Kinder- bzw. Jugendhilfepolitik, Arbeitspolitik, Bildungspolitik und auch die Steuerpolitik (vgl. Huber/Schäfer 2012, S. 131). Durch diese umfangreichen politischen Verknüpfungen wird deutlich, dass Väterpolitik keine Nebenbei-Aufgabe ist. Sie sollte vielmehr ein integraler Bestandteil des politischen Handelns werden (vgl. ebd.).

Zusammenfassend kann man festhalten, dass bezüglich der aktiven Väter in der Familie die Elternzeit ein zentrales Thema ist (vgl. Majdanski 2012, S. 75). Darüber hinaus muss der Fokus auf die aktive Vaterschaft gerückt werden, um neue Denkmuster und Denkprozesse auszulösen (vgl. ebd.).

> „Eine vätergerechte Familienpolitik stellt daher die aktive Vaterschaft und die Berufstätigkeit der Frau in den Mittelpunkt der Belange. Sie versucht, die familien- und gleichstellungspolitischen Ziele zu erreichen, indem sie das Potential der neuen Väter erkennt und nutzt und u. a. versucht, die Väter noch besser in die Elternzeit zu integrieren. Damit gehen nicht nur positive Effekte für die Männer einher, sondern auch für die Frauen, sowie für die Familien und demnach auch für die Gesellschaft"

(ebd.).

8 Fazit und Ausblick

Bis weit in das 20. Jahrhundert hinein war die Rolle des Vaters ausschließlich auf den außerhäuslichen Gelderwerb fixiert (vgl. Höher/Mallschützke 2013, S. 235). Seit einigen Jahren jedoch entdecken Männer, dass die Gesellschaft mehr zu bieten hat, als das, was sie im Rahmen des traditionellen Ernährermodells erleben (vgl. Wippermann/Calmbach/Wippermann 2009, S. 7). Mittlerweile ist überall „die Rede von den ‚neuen Vätern', die sich aktiv an der Erziehung ihrer Kinder beteiligen und nicht mehr nur Spielgefährten sein wollen" (Höher/Mallschützke 2013, S. 235). Ein gravierender Wandel sei nach Meuser hinsichtlich der Rolleneinstellungen zwischen Männern und Frauen zu konstatieren. So haben in den zurückliegenden 30 Jahren egalitäre Werthaltungen deutlich zugenommen (vgl. Meuser 2012 b, S. 17). Während alte Rollenbilder noch weiterhin vorhanden und wirksam sind, konnten sich die neuen Verhaltensformen gesellschaftlich noch nicht festigen (vgl. Wippermann/Calmbach/Wippermann 2009, S. 213). Ein wesentlicher Unterschied zur traditionellen Lebensweise besteht gegenwärtig darin, dass sich viele Männer heute mehr Zeit für ihre Kinder und Familien nehmen (vgl. Leimbach 2017, S. 14). Im aktuellen Rollenverständnis gelten sie als besonders, denn Vaterschaft repräsentiert einen neuen Aspekt von Männlichkeit, der den Themenkomplex Familie, Kinder und Partnerschaft direkt mit impliziert (vgl. Bücklein 2012, S. 588 f.). Über kurz oder lang werden diejenigen, die vom ersten Tag an Verantwortung für den alltäglichen Umgang mit dem Baby übernehmen, es tragen, wickeln oder Schlaflieder singen, nach Aegert die glücklicheren Väter sein (vgl. Aegert 2012, S. 531). So haben Männer heute die Chance, eine lebenslange erfüllende Beziehung zu ihren Kindern aufzubauen (vgl. ebd.). Dieser Wandel zu einer engagierten Vaterschaft stellt sich aber nur dann ein, wenn die Väter selbst bereit sind, nicht nur die ökonomische Sicherheit der Familie zu gewährleisten, sondern auch die emotionalen Bedürfnisse ihrer Kinder nach Zuneigung und Unterstützung zu fördern (vgl. Bertram 2011b, S. 126). Bei jüngeren Männern kann man dahingehend bereits ein gewisses Umdenken feststellen. Sie suchen vielmehr ein berufliches Umfeld, das stabile Freiräume auch für private Interessen und Verpflichtungen bietet (vgl. Gesterkamp 2005, S. 73). Jedoch ist eine aktive Vaterschaft, in welcher der Vater die Erwerbsarbeitszeit reduziert und sich gleichberechtigt an der Betreuung von Kindern beteiligt, nur dann umsetzbar, wenn die Mutter ein höheres oder ähnlich hohes Einkommen erzielt. Eine konkrete Maßnahme zur Förderung egalitärer Voraussetzungen läge nach Huber und Schäfer in der Schließung der vorhandenen Verdienstlücke zwischen Frauen und Männern (vgl. Huber/Schäfer 2012, S. 139).

Nach Bertram kann Vaterschaft sinnvollerweise nur als ein interaktives Konzept in Relation zur Rolle der Mutter und des Kindes begriffen werden (Bertram 2012, S. 44). Sie besitzt einen eigenen, nicht ersetzbaren Wert und stellt somit kein ‚Konkurrenzmodell' zur Mutterschaft dar (vgl. Huber/Schäfer 2012, S. 144).

Die im Rahmen dieser Arbeit vorgestellten Studien beschreiben die neuen, auch egalitäre Väter genannt, als Leitbild für eine engagierte Vaterschaft. Zudem zeigen die Ergebnisse der angeführten Forschungsarbeiten, dass es Vätertypen gibt, die auf Grund von Hindernissen und Schwierigkeiten an der Ausübung ihrer gewünschten aktiven Rolle gehindert werden. Um jedoch dieses Engagement zu fördern, braucht es unter anderem verbesserte Rahmenbedingungen durch gezielte familienpolitische und fördernde Maßnahmen. Denn eine kompetente Vaterschaft ist keine Selbstverständlichkeit und insbesondere dann nicht, solange Spannungsverhältnisse zueinander stehen wie zum Beispiel die Vereinbarkeitsproblematik von Beruf und Familie (vgl. ebd., S. 145). Es bleibt festzustellen, dass die noch weit verbreiteten, vorhandenen traditionellen Rollenbilder nicht durch Gesetze allein verändert werden können (vgl. Gesterkamp 2005, S. 73). Zum einen ist die Beseitigung formaler Hindernisse erforderlich, zum anderen geht es immer auch um einen Bewusstseinswandel und um eine Veränderung der politischen und betrieblichen Kultur (vgl. ebd.). Zudem fehlt es an eindeutigen Definitionen von Aufgaben und Inhalten der Vaterrolle. Propagierte Idealvorstellungen können zusätzlich verunsichernd auf Väter wirken (vgl. BMFSFJ 2006, S. 5). Vaterschaft muss neu gestaltet und konzeptualisiert werden. Die Bedeutung des Vaters für die Familie darf nicht allein aus seiner Funktion als Ernährer abgeleitet werden. Stärkere Aufmerksamkeit und größere Bedeutung sollte vor allem dem sozialen Aspekt beigemessen werden (vgl. ebd., S. 243). Die Herausforderung, die der Wandel mit sich bringt und die gleichzeitig auch als Chance zu sehen ist, wird für alle Beteiligten in der Vielseitigkeit der einzelnen Auslegungen der Vaterrolle liegen. Zurzeit gibt es kein normativ verbindliches und einheitliches Vaterbild, an welchem sich Väter orientieren können (vgl. Matzner 2001, S. 4). Es steht meines Erachtens jedoch außer Frage, dass der gesellschaftliche Wandel immer auch einen Synergieeffekt hervorruft. Es kann keinen neuen Vater ohne den Bedarf an neuen gelebten Lebensmodellen geben. Der Blick über den Tellerrand und die Neugier auf neue herausfordernde Aufgaben sind meiner Meinung nach bei der Gestaltung und Neuauslegung der Vaterrolle hilfreich und in gewisser Weise notwendig. Dies gilt nicht nur für den Bereich der neuen Väter, sondern speziell auch für die Herausforderung in der Sozialen Arbeit, unterstützend und innovativ im Rahmen der Väterarbeit tätig zu werden.

Zudem ist es dahingehend aus meiner Sicht wichtig, durch Aufklärungsarbeit Möglichkeiten aufzuzeigen und dadurch auftretende Hindernisse und Schwierigkeiten wie zum Beispiel gesellschaftliche Vorurteile gegenüber Vätern mit einem hohen Anteil an Sorgearbeit abzubauen. Um in der Berufswelt eine weitere positive Entwicklung hinsichtlich einer egalitären Aufteilung von Erwerbstätigkeit und Elternschaft erreichen zu können, sind für mich neben gesetzlichen verbesserten Rahmenbedingungen vorrangig auch die Arbeitgeberinnen und Arbeitgeber gefragt, familienfreundlichere Strukturen auch für Väter in ihren Unternehmen zu gestalten und zu etablieren. Zusammenfassend bleibt festzuhalten, dass die Entwicklung hin zu einer neuen modernen Gesellschaft mit egalitären und gleichberechtigten Denk- und Handlungsmustern, auch mit besonderem Blick auf die Vaterrollen, noch lange nicht abgeschlossen ist.

> „Wie die Rolle des Vaters in der Zukunft aussehen wird, ist ungewiss. Vermutlich wird sich in absehbarer Zeit nicht viel ändern. Es liegt nun an uns, die Lehren aus der Vergangenheit zu ziehen und unseren Frauen die besten Männer und unseren Kindern die besten Väter aller Zeiten zu sein. Denn eines ist ganz gewiss: Die Familie ist das Wertvollste, was wir haben" (vaterfreuden.de).

Literaturverzeichnis

ABEL, Falk/ABEL, Jeannette (2009): *Zwischen neuem Vaterbild und Wirklichkeit. Die Ausgestaltung der Vaterschaft bei jungen Vätern. Ergebnisse einer qualitativen Studie.* In: Jurczyk, Karin/Lange, Andreas (Hrsg.): *Vaterwerden und Vatersein heute, Neue Wege – neue Chancen!* Gütersloh: Bertelsmann Stiftung, S. 231-249.

AEGERTER, Christian (2012): *Gemeinsam statt einsam – Warum es sich lohnt, vom ersten Tag an aktiv Vater zu sein.* In: Walter, Heinz/Eickhorst, Andreas (Hrsg.): *Das Väter-Handbuch – Theorie, Forschung, Praxis.* Gießen: Psychosozial, S. 531-546.

BAMBEY, Andrea/GUMBINGER, Hans-Walter (2006): ‚*Neue Väter – andere Kinder?'* *Das Vaterbild im Umbruch – Zwischen gesellschaft-lichen Erwartungen und realer Umsetzung.* In: Forschung Frankfurt: Forschung Intensiv, Heft 4/2006. http://www.forschung-frankfurt.uni-frankfurt.de/36050492/26-31-Neue-Vaeter-andere-Kinder.pdf (Download vom 19.07.2017, S. 26-31).

BAMBEY, Andrea/GUMBINGER, Hans-Walter (2017): *Neue Väter? Rollenmodelle zwischen Anspruch und Wirklichkeit.* Frankfurt/NewYork: Campus.

BARONSKY, Alexandra/GERLACH, Irene/SCHNEIDER, Ann Kristin (2012): *Väter in der Familienpolitik.* In: Aus Politik und Zeitgeschichte: Mannsbilder. 62. Jahrgang, Heft 40/2012. Bonn: bpb, S. 31-36.

BERGMANN, Christine (2002): *Vorwort.* In: Fthenakis, Wassilios E./ Minsel, Beate: *Die Rolle des Vaters in der Familie.* Stuttgart: Kohlhammer, S. 5.

BERTRAM, Hans (2011a): *Einleitung: Die plurale Moderne.* In: Bertram, Hans/Ehlert, Nancy (Hrsg.): *Familie, Bindung und Fürsorge. Familiärer Wandel in einer vielfältigen Moderne.* Opladen/Farmington Hills: Budrich, S. 11-30.

BERTRAM, Hans (2011b): *Neue Väter: Ökonomie, Zuwendung und Förderung von Fähigkeiten.* In: Kleinschwärzer-Meister (Hrsg.): *Religion und Moral – Grundsätzliches und Konkretes im Kontext von Globalisierung und gesellschaftlichem Wandel.* Münster: LIT, S. 124-129.

BERTRAM, Hans (2012): *Starke Väter.* In: Kalicki, Bernhard/ Wehrmann, Ilse/Wüst, Jürgen (Hrsg.): *Familien- und Bildungspolitik im Wandel – Eine Zwischenbilanz.* Weimar/Berlin: Das Netz, S. 35-47.

BMFSFJ (2006): *Facetten der Vaterschaft – Perspektiven einer innovativen Väterpolitik.* https://www.bmfsfj.de/blob/76350/71f7 fd9dc8cafbe5ee2393cbe16b6e2c/facetten-vaterschaft-data.pdf (Download vom 15.07.2017).

BMFSFJ (2013): *Erster Gleichstellungsbericht: Neue Wege – Gleiche Chancen; Gleichstellung von Frauen und Männer im Lebensverlauf.* https://www.bmfsfj.de/blob/93682/516981ae0ea6450bf4cef0e8685eec da/erster-gleichstellungsbericht-neue-wege-gleiche-chancen-data.pdf (Download vom 17.07.2017).

BMFSFJ (2015): *Familienreport 2014 – Leistungen, Wirkungen, Trends.* https://www.bmfsfj.de/blob/93784/e1e3be71bd501521ba2c2a3da2dca 8bc/familienreport-2014-data.pdf (Download vom 04.08.2017).

BOHN, Susanne (2006): *Karriere Kick Kind – So erfüllt sich Ihr Wunsch nach Familie und Erfolg im Beruf.* Nürnberg: BW.

BÜCKLEIN, Tobias (2012): ‚*Von hinten durch die Brust ins Auge…'* *Kabarett als Beispiel für die Annäherung an die Zielgruppe Väter.* In: Walter, Heinz/Eickhorst, Andreas (Hrsg.): *Das Väter-Handbuch – Theorie, Forschung, Praxis.* Gießen: Psychosozial, S. 587-597.

BUNDESFORUM MÄNNER (Hrsg.) (2017): *Väter. Argumente – Diskussionen – Positionen.* https://bundesforum-maenner.de/wp-content /uploads/2017/02/BMF_A4-Brosch_Vaetertagung_fin.pdf (Download vom 12.07.2017).

DÖGE, Peter/VOLZ, Rainer (2002): *Wollen Frauen den neuen Mann? Traditionelle Geschlechterbilder als Blockaden von Geschlechterpolitik.* St. Augustin: Konrad-Adenauer-Stiftung.

DRINCK, Barbara (2005): *Vatertheorien Geschichte und Perspektive.* Opladen: Budrich.

ECARIUS, Jutta/KÖBEL, Nils/WAHL, Katrin (2011): *Familie, Erziehung und Sozialisation.* Wiesbaden: Springer VS.

ERBES, Annegret (2014): *Väterarbeit: Ergebnisse empirischer Forschung, Väterarbeit in der Familienbildung und Eckpunkte wertesensibilisierender Arbeit mit Vätern in der pädagogischen Praxis.* http://www.wertebildung infamilien.de/wp-content/uploads/2014/12/Erbes_Endversion_Vaetertext _240420131.pdf (Download vom 06.08.2017).

FTHENAKIS, Wassilios E. (1985a): *Väter, Band 1: Zur Vater-Kind-Beziehung in verschiedenen Familienstrukturen.* München/Wien/Baltimore: Urban und Schwarzenberg.

FTHENAKIS, Wassilios E. (1985b): *Väter, Band 2: Zur Vater-Kind-Beziehung in verschiedenen Familienstrukturen.* München/Wien/Baltimore: Urban und Schwarzenberg.

FTHENAKIS, Wassilios E./MINSEL, Beate (2002a): *Die Rolle des Vaters in der Familie.* Stuttgart: Kohlhammer.

FTHENAKIS, Wassilios E./MINSEL, Beate (2002b): *Die Rolle des Vaters in der Familie – Eine repräsentative Studie über Vaterschaft in Deutschland.* In: Zeitschrift frühe Kindheit, Jahrgang 2002, Heft 3: *Die Bedeutung des Vaters in den ersten Lebensjahren.* http://liga-kind.de/fk-302-fthenakis/ (aufgerufen am 23.07.2017).

FUHRMANS, Franziska/VON DER LIPPE, Holger/FUHRER, Urs (2012): *Subjektive Vaterschaftskonzepte – Eine empirische Studie zu Vätern und ihren Partnerinnen.* In: Walter, Heinz/Eickhorst, Andreas (Hrsg.): *Das Väter-Handbuch – Theorie, Forschung, Praxis.* Gießen: Psychosozial, S. 299-324.

GERLACH, Irene (2009): *Familienpolitik: Geschichte und Leitbilder.* In: Bundeszentrale für politische Bildung: *Familie und Familienpolitik.* http://www.bpb.de/izpb/8047/ familienpolitik-geschichte-und-leitbilder?p=0 (aufgerufen am 12.08.2017).

GERLACH, Irene (2010): *Familienpolitik.* 2. Aktualisierte und überarbeitete Auflage. Wiesbaden: Springer VS.

GERLACH, Irene (2015): *Familie, Familienrecht und Reformen.* In: Bundeszentrale für politische Bildung: *Familienpolitik.* http://www.bpb.de/politik/innenpolitik/familienpolitik/198764/familie-fami lienrecht-und-reformen?p= all (aufgerufen am 18.07.2017).

GESTERKAMP, Thomas (2005): *Betriebliche und politische Hindernisse engagierter Vaterschaft.* In: Zeitschrift für Familienforschung. 17. Jahrgang, Heft 1/2005. http://www.ssoar.info/ssoar/bitstream/handle/document/32406/ ssoar-zff-2005-1-gesterkamp-Betriebliche_und_politische_Hindernisse_eng agierter.pdf?sequence=1 (Download vom 13.08.2017), S. 66-75.

GESTERKAMP, Thomas (2012): *Für Männer, aber nicht gegen Frauen*. In: Aus Politik und Zeitgeschichte: *Mannsbilder*. 62. Jahrgang, Heft 40/2012. Bonn: bpb, S. 3-10.

GUMBINGER, Hans-Walter/BAMBEY, Andrea (2009): *Zwischen ‚traditionellen' und ‚neuen' Vätern. Zur Vielgestaltigkeit eines Wandlungsprozesses*. In: Jurczyk, Karin/Lange, Andreas (Hrsg.): *Vaterwerden und Vatersein heute, Neue Wege – neue Chancen!* Gütersloh: Bertelsmann Stiftung, S. 195-230.

HUBER, Johannes/ SCHÄFER, Eberhard (2012): *Väterpolitik in Deutschland – Bestandsaufnahme und Perspektiven für die Zukunft*. In: Walter, Heinz/Eickhorst, Andreas (Hrsg.): *Das Väter-Handbuch – Theorie, Forschung, Praxis*. Gießen: Psychosozial, S. 127-146.

JOHN, Birgit/STUTZER, Erich (2002): *Erwerbsverhalten von Erziehungs-urlauberinnen*. In: Zeitschrift für Familien-Forschung, 14. Jahrgang 2002, Heft 3. http://nbn-resolving.de /urn:nbn:de:0168-ssoar-282812 (aufgerufen am 18.07.2017).

JANZEN, Irina (2010): *Männer im Konflikt – Traditionen, ‚Neue Vaterschaft' und Kinderlosigkeit*. Marburg: Tectum.

JURCZYK, Karin/LANGE, Andreas (2009): *Vom ‚ewigen Praktikanten' zum ‚reflexiven Vater'? Eine Einführung in aktuelle Debatten um Väter*. In: Jurczyk, Karin/ Lange, Andreas (Hrsg.): *Vaterwerden und Vatersein heute, Neue Wege – neue Chancen!* Gütersloh: Bertelsmann Stiftung, S. 13-43.

KÜNNING, Ursula (2005): *Wie nehmen Väter sich selbst war?* In: Freie Universität Berlin (Hrsg.): querelles-net – Rezensionszeitschrift für Frauen- und Geschlechterforschung, 6. Jahrgang 2005, Heft 15. https://www.quer el-les-net.de/index.php/qn/article/view/325 (aufgerufen am 25.07.2017).

KUHLMANN, Carola (2013): *Geschichte Sozialer Arbeit I – Eine Ein-führung für soziale Berufe*. 3. Auflage. Schwalbach: Wochenschau.

LEHR, Ursula (2012): *Die Familie in Zeiten des demografischen Wandels*. In: Kalicki, Bernhard/Wehrmann, Ilse/Wüst, Jürgen (Hrsg.): *Familien- und Bildungspolitik im Wandel – Eine Zwischenbilanz*. Weimar/Berlin: Das Netz, S. 17-23.

LEIMBACH, Bjørn Thorsten (2017): *Bevaterung – Warum Kinder den Vater brauchen*. Hamburg: Ellert & Richter.

LENZEN, Dieter (1991): *Vaterschaft. Vom Patriachat zur Alimentation.* Reinbeck bei Hamburg: Rowohlt.

LI, Xuan/ZERLE-ELSÄßER, Claudia/ENTLEITNER-PHLEPS, Christine/ SCHIER, Michaela 2015: *Väter 2015 – Wie aktiv sind sie, wie geht es ihnen und was brauchen sie?* In: DJI: *Väterreport.* https://www.dji.de/fileadmin/user_upload/bibs2015/Vaeterreport_Langfassung.pdf (Download vom 03.08.2017).

LIEL, Christoph (2016): *Wenig Hilfe für Väter.* In: DJI IMPULSE: *Neue Väter: Legende oder Realität?* Heft 1/2016, S. 29-31.

MAJDANSKI, Nicole (2012): *Männer ‚doing' Gender! Väter in Elternzeit.* Freiburg: Centaurus.

MARTHALER, Thomas (2009): *Erziehungsrecht und Familie – Der Wandel familialer Leitbilder im privaten und öffentlichen Recht seit 1900.* Weinheim und München: Juventa.

MATZNER, Michael (1998): *Vaterschaft heute – Klischees und soziale Wirklichkeit.* Frankfurt/New York: Campus.

MATZNER, Michael (2001): *Vaterbilder und Vaterfunktionen.* In: Staatsinstitut für Frühpädagogik. Das Online-Familienhandbuch. http://familienhandbuch.de/familie-leben/familienformen/muetter-vaeter/va terbilderund-vaterfunktionen.php (aufgerufen am 13.07.2017).

MATZNER, Michael (2004): *Vaterschaft aus der Sicht von Vätern.* Wiesbaden: VS Verlag für Sozialwissenschaften.

MEDER, Stephan (2013): *Familienrecht – Von der Antike bis zur Gegenwart.* Köln/Weimar/Wien: Böhlau.

MEUSER, Michael (2006): *Geschlecht und Männlichkeit. Soziologische Theorie und kulturelle Deutungsmuster.* Wiesbaden: Springer VS.

MEUSER, Michael (2009): *Vaterschaft und Männlichkeit. (Neue) Väterlichkeit in geschlechter-soziologischer Perspektive.* In: Jurczyk, Karin/ Lange, Andreas (Hrsg.): *Vaterwerden und Vatersein heute, Neue Wege – neue Chancen!* Gütersloh: Bertelsmann Stiftung, S. 79-93.

MEUSER, Michael (2012a): *Vaterschaft im Wandel. Herausforderungen, Optionen, Ambivalenzen.* In: Böllert, Karin/Peter, Croinna (Hrsg.): *Mutter + Vater = Eltern? Sozialer Wandel, Elternrollen und Soziale Arbeit.* Wiesbaden: Springer VS, S. 63-80.

MEUSER, Michael (2012b): *Entgrenzungsdynamiken: Geschlechterverhält-nisse im Umbruch.* In: Aus Politik und Zeitgeschichte: *Mannsbilder.* 62. Jahrgang, Heft 40/2012. Bonn: bpb, S. 17-23.

MEUSER, Michael (2014): *Care und Männlichkeit in modernen Gesellschaften – Grundlegende Überlegungen illustriert am Beispiel involvierter Vaterschaft.* In: Aulenbacher, Brigitte/Riegraf, Birgit/ Theobald, Hildegard (Hrsg.): *Sorge: Arbeit, Verhältnisse, Regime.* Baden-Baden: Nomos, S. 159-174.

MOGGE-GROTJAHN, Hildegard (2011): *Soziologie – Eine Einführung für soziale Berufe.* 4. Auflage. Freiburg: Lambertus.

MÜHLING, Tanja/ROST, Harald (2007): *Einleitung.* In: Mühling, Tanja/ Rost, Harald (Hrsg.): *Väter im Blickpunkt – Perspektiven der Familienforschung.* Opladen/Farmington Hills: Budrich, S. 9-21.

NAVE-HERZ, Rosemarie (2012): *Familie heute – Wandel der Familienstrukturen und Folgen für die Erziehung.* 5. überarbeitete Auflage. Darmstadt: Primus.

NAVE-HERZ, Rosemarie (2017): Familie(n). In: Kreft, Dieter/Mielenz, Ingrid (Hrsg.): *Wörterbuch Soziale Arbeit. Aufgaben, Praxisfelder, Begriffe und Methoden der Sozialarbeit und Sozialpädagogik.* 8. Auflage. Weinheim/Basel: Beltz Juventa, S. 302-305.

OTTO, Petra (2000): *Der lange Weg des neuen Vaters – Zwischenbilanz einer Mitreisenden.* In: ERZIEHUNG heute: *Vater sein.* Seelze: Friedrich, S. 53-57.

PESCHEL-GUTZEIT, Lore Maria (2009): *Entwicklung der Rechtsstellung des Vaters in den letzten 100 Jahren.* In: Jurczyk, Karin/Lange, Andreas (Hrsg.): *Vaterwerden und Vatersein heute, Neue Wege – neue Chancen!* Gütersloh: Bertelsmann Stiftung, S. 47-59.

POSSINGER, Johanna (2009): *Auf der Suche nach den ‚neuen Vätern' – Vaterschaft zwischen Traditionalität und Modernität.* In: Archiv Heft für Wissenschaft und Praxis der sozialen Arbeit: *Familienpolitik auf dem Prüfstand.* Ausgabe 2/2009, S. 56-67.

POSSINGER, Johanna (2013a): *Vaterschaft im Spannungsfeld von Erwerbs- und Familienleben. ‚Neuen Vätern' auf der Spur.* Wiesbaden: Springer VS.

POSSINGER, Johanna (2013b): *Wie neu sind die ‚neuen Väter'? Eine Klärung von Johanna Possinger.* In: Deutscher Verein für öffentliche und private Fürsorge e.V. (Hrsg.): *Soziale Arbeit Kontrovers – Band 6.* Freiburg: Lambertus, S. 7-51.

POSSINGER, Johanna (2015): *Neue Väter auf Zeit? – Praktiken und Hindernisse egalitärer Vaterschaft.* In: Heilmann, Andreas/Jähnert, Gabriele/ Schnicke, Falko/Schönwetter, Charlott/Vollhardt, Mascha (Hrsg.): *Männlichkeit und Reproduktion – Zum gesellschaftlichen Ort historischer und aktueller Männlichkeitsproduktionen.* Wiesbaden: Springer VS, S. 135-154.

RAMS, Jürgen/VOLZ, Rainer (2006): *Väter in der Praxis.* In: Evangelische Kirche im Rheinland (Hrsg.): *Väter – Ihre Rolle in Familie und Gemeinde.* http://www.ekir.de/www/downloads-archiv/VaeterbroschA4_0208.pdf (Download vom 03.08.2017, S. 59-74).

SEIFFGE-KRENKE, Inge (2016): *Väter, Männer und kindliche Entwick-lung – Ein Lehrbuch für Psychotherapie und Beratung.* Berlin/Heidelberg: Springer.

STREIDL, Barbara (2015): *Lasst Väter Vater sein.* Weinheim: Beltz.

SÜDDEUTSCHE ZEITUNG (2006): *Sechs Väter-Typen hat das Land.* Artikel online vom 29.01.2006. http://www.sueddeutsche.de/leben/ueberbl ick-sechs-vaeter-typen-hat-das-land-1.225182 (aufgerufen am 31.07.2017).

TAFFERTSHOFER, Birgit (2016): *Der neue Vater entpuppt sich erst.* In: DJI IMPULSE: *Neue Väter: Legende oder Realität?* Nr. 112, 1/2016, S. 8-10.

TRAUNER, Sandra (2007): *Neue Rollen, neue Unsicherheit: Moderne Vatertypen.* In: N-TV online: http://www.n-tv.de/politik/dossier/Moderne-Vatertypen-article217368.html (aufgerufen am 01.08.2017).

TREPP, Anne-Charlott (1996): *Männerwelten privat: Vaterschaft im späten 18. Und beginnenden 19. Jahrhundert.* In: Kühne, Thomas (Hrsg.): *Männergeschichte - Geschlechtergeschichte: Männlichkeit im Wandel der Moderne.* Reihe: Geschichte und Geschlechter, Bd. 14. Frankfurt a. M.: Campus, S. 31-50.

VAN DÜLMEN, Richard (1999): *Kultur und Alltag in der Frühen Neuzeit – Das Haus und seine Menschen.* 3. Auflage. München: C.H. Beck.

VATERFREUDEN.DE (2016): *Väterliche Zeitreise – die Vaterrolle im Wandel.* http://www.vaterfreuden.de/vaterschaft/vater-sein/v%C3%A4terli che-zeitreise-%E2%80%93-die-vaterrolle-im-wandel (aufgerufen am 11.10.2017).

VERLINDEN, Martin (2004): *Väterarbeit in NRW – Bestandsaufnahme und Perspektiven.* http://vaetertagung.de/downloads/vaeterarbeitinnrw.pdf (Download vom 06.08.2017). Köln: SPI NRW.

VERLINDEN, Martin (2009): *Orientierung zur Väterarbeit.* http://vaeter ta- gung.de/downloads/orientierungenzurvaeterarbeit.pdf (Download vom 06.08.2017).

VOLZ, Rainer (2006): *Zwischen Alleinernährer und aktivem Vater – Väter im Spagat zwischen Wunsch und Wirklichkeit und was die evangelische Kirche anbietet.* In: Evangelische Kirche im Rheinland: *Väter – Ihre Rolle in Familie und Gemeinde.* http://www.ekir.de/www/downloads-archiv/Vaeter bro-schA4_0208.pdf (Download vom 03.08.2017, S. 55-57).

WALTER, Heinz (2012): *Väter – bis hierher. Und wie weiter?* In: Walter, Heinz/Eickhorst, Andreas (Hrsg.): *Das Väter-Handbuch – Theorie, Forschung, Praxis.* Gießen: Psychosozial-Verlag, S. 671-700.

WERNECK, Harald/ROLLETT, Brigitte/PUCHER, Monika/SCHMITT, Gudrun/NOLD, Guido (2012): *Die ersten 15 Lebensjahre: Stabilität und Wechsel väterlicher Einstellungen.* In: Walter, Heinz/Eickhorst, Andreas (Hrsg.): *Das Väter-Handbuch – Theorie, Forschung, Praxis.* Gießen: Psychosozial-Verlag, S. 325-342.

WIPPERMANN, Carsten/CALMBACH, Marc/WIPPERMANN, Katja (2009): *Männer: Rolle vorwärts, Rolle rückwärts? Identitäten und Verhalten von traditionellen, modernen und postmodernen Männern.* Opladen/ Farmington Hills: Budrich.

WISSEN.DE (2015): *Das Handbuch für die gute Ehefrau.* Bezug auf die englische Zeitschrift: Houskeeping Monthly (1955): The good wife's guide. Ausgabe vom 13.05.1955. http://www.wissen.de/das-handbuch-fuer-die-gute-ehefrau (aufgerufen am 16.07.2017).

WOLDE, Anja (2007): *Väter im Aufbruch? Deutungsmuster von Väterlichkeit und Männlichkeit im Kontext von Väterinitiativen.* Wiesbaden: VS Verlag für Sozialwissenschaften.

ZULEHNER, Paul M. (2002): *Die Studie.* In: Zulehner, Paul M.: *MannsBilder – Ein Jahrzehnt Männerentwicklung.* Ostfildern: Schwabenverlag, S. 12-185.

65